I0082619

وجهة سير

1

Publisher
Khaled Homaidan

Toronto – Canada

Reference # CMC37/23
Phone: 1.647.977.6677 - 1.647.242.0242
E-Mail: cmcmedia@rogers.com

المجموعة الكاملة

(12)

وجهة سير

منشورات خالد حميدان
تورنتو ـ كندا

الطبعة الأولى ـ 2023

خالد حميدان

وجهة سير

الطبعة الأولى - 2023

Author: Khaled Homaidan المؤلف: خالد حميدان

Publisher: Khaled Homaidan
khaled.homaidan@gmail.com

Address: 58 Pinecrest St. Markham ON, L6E 1C2
CANADA

Title: Destination المجموعة الكاملة (12) كتاب "وجهة سير"

Language: Arabic

Reference #: CMC37/23

ISBN: 978-1-7389923-1-7

تصميم الغلاف والإخراج للمؤلف

*****

Phone: 1.647.242.0242

E-Mail: khaled.homaidan@gmail.com

الإهداء

إلى أطفال بلادي، عذراً وسماحاً..

لقد كانت لنا اليدُ الطولى في بعثرة ألعابكم وسرقة أحلامكم!

نعترفُ أمام الله بتقصير فادح لا يشرحه كلام التمنيات.

فعندما تكبر المصائب في وطن، تصغر الكلمات..

تمهيـد

يتهيأ للقارئ لدى إلقائه النظرة الأولى على هذا الكتاب، وعنوانه المثير بشكل خاص، أنه أمام رسالة توجيهية محددة بفحواها ومغزاها وبالتالي يجب العمل على حل رموزها لفهم القصد الذي ترمي إليه.

والواقع هو غير ذلك. فالكتاب يتضمن مقطوعات نثرية بسيطة، جاءت مطولة في بعضها ومختصرة في البعض الآخر، حيث شكلت المادة لفقرة "وجهة سير" التي تضمنت خواطر سريعة وآراء متواضعة قابلة للحوار والمراجعة.

إن الذي حدا بي إلى إصدار هذا الكتاب وبهذا العنوان بالذات، كان الإقبال الشديد الذي رافق تلك الخواطر حين كانت تنشر بشكل دوري على وسائل التواصل الإلكتروني تحت عنوان "وجهة سير"، وعلى امتداد أسابيع طويلة.. وقد شرفني كثيرون من الأصدقاء، الذين أحفظ لهم كل الود والتقدير، بتعليقاتهم القيمة وتشجيعهم المستمر للمضي قدماً في مثل هذا النهج الأدبي الوجداني..

يهمني كذلك ألا يفوتني التنويه بالبادرة القيمة التي أطلقها الصديق الدكتور عاطف قبرصي، أستاذ الاقتصاد في جامعة ماك ماستر (هاملتن ـ كندا)، وقد شرفني بكلمة تكريمية مسهبة حول الكتاب، أنشرها فيما يلي حفاظاً على قيمتها الأدبية وتعبيراً عن شكري وتقديري له مع التأكيد على أن مثل هذا التكريم لا يأتيه إلا الأكارم..

المؤلـف

6

"وجهة سير" الأديب خالـد حميـدان

بقلم د. عاطف عبد الله قبرصي

2023/04/28

أن تقرأَ الصديق الأديب خالـد حميـدان، فأنت معه في رحلةٍ وجدانيةٍ مشوقة فكراً وتعبيراً، تشاركه فلسفتَه في الحياة وتجاربَه الإنسانية العديدة. كما ترقى معه لصدقِ اهتماماته وخلاصةِ توصياتِه من أجل بيئةٍ اجتماعية واعيةٍ يسودها الصفاءُ والوئام..

فالأستاذ خالـد يصقلُ كلماتِه بعنايةٍ فائقةٍ ودقةٍ متناهية كما الجوهري في صقلِ مجوهراتِه، ويسكبُها في قوالبَ محكمةٍ خوفاً على الرسالة التي تحملها من الضياع.. وجلّ ما يرمي إليه هو أن يرفعَ بالقارئ إلى أجواءٍ روحانيةٍ بعيدةٍ عن الحواسِ الماديةِ القاصرةِ حيث تتجلى أجملُ اللوحاتِ والرؤى اللامتناهية..

لا أبالغُ القولَ في أنَّ خالـد حميـدان عرفَ كيف يعزفُ على أوتارِ الأحاسيسِ الإنسانيةِ والتطلعاتِ الوجدانيةِ التي تراودُ الغالبيةَ العظمى من الناس، فجاءتْ كلماتُه تعبيراً عن عمقِ إدراكِها ووضوحِ تفسيرِها للظواهر واستخلاصاً للعبرِ ومشاركةِ الآخرين بها. إنه عملٌ ملتزمٌ لا يأتيه إلا القليلُ من الأدباءِ والمفكرين القادرين على استحواذِ اهتمامِ القارئ بما

يكتبون أو يستخلصون. وهو يعرضُ لكلِّ ذلك بأسلوبٍ أدبيٍ شيقٍ يقومُ على دعائمَ فلسفيةٍ ثابتة..

عرفت خالداً منذ زمنٍ طويل، لا داعٍ هنا لذكرِ عددِ السنين، لكن أمراً أساسياً يجبُ ذكرُه هو أن شغفَه باللغةِ العربيةِ وآدابِها وتراثِها ليس بالجديد. فقد كان ناشراً ورئيسَ تحرير لأكثرَ من دوريةٍ صحافيةٍ في لبنان ومؤلفاً لكتابين منشورين هناك قبل مغادرتِه إلى الاغتراب. وقد تابعَ ذاتَ الاهتمام في كندا، وفي تورنتو تحديداً، فعمل ناشراً ورئيساً لتحرير كلٍ من مجلة "أضواء" وجريدة "الجالية". وبالإضافةِ إلى النشاطاتِ الصحافيةِ كان تأسيسُه لـ "مركز التراث العربي" حيث كانتْ له جولاتٌ عدة في إبرازِ الثقافةِ العربيةِ والتعريفِ بها في إطارِ المجتمعِ الكندي المتعددِ الثقافات. وقد كان لي كما لآخرين من أصدقاء خالد، شرفُ المساهمة في دائرةِ مركز التراث، وقد عمل كلٌ في مجاله العلمي والأكاديمي. أما الغايةُ من إيجادِ مؤسسةٍ تعنى بالتراث العربي، كانت ولا تزال تظهير الإبداعاتِ الثقافيةِ العربية وقد لاقت الوقعَ الحسن لدى المواقعِ الرسميةِ الكندية. ولا يُخفى ما لنشرِ التراث العربي في بلادِ الاغتراب من أهميةٍ لما يعزّزُ حضورَ الجالية العربية بين مختلفِ المكوناتِ والشرائحِ الاجتماعية.

كنتُ أتطلّعُ دائماً إلى جديدِ الأستاذ خالد حميدان فيما يكتبُ وكنت أنتظر المفاجأة في كل مرةٍ لما يحملُه قلمُه من تعبيرٍ جميلٍ صادقٍ وكاشفٍ للحقيقة. فهو لم يجاملْ يوماً أو يساومْ

على ما يؤمنُ به ولذلك جاءتْ مؤلفاتُه العديدةُ من كتبٍ أو مقالاتٍ، محصنةً بالصدقِ ومعطرةً برحيقِ الجمال..

يحضرني في هذا المجال رأيٌ للفيلسوف الكبير ميخائيل نعيمة في الصديق خالد حميدان، غداةَ إصدارِ كتابه الأول بعنوان "الأبله الحكيم" عام 1973 حيث قال في رسالةٍ تقديريةٍ موثقة: "استهواني في كتابك نفسٌ شعريٌ أصيلٌ ونزعةٌ باطنيةٌ لا تتهيبُ الغوصَ إلى الأعماقِ، ولا تتلهى بظواهرِ الأشياءِ عن بواطنِها.."

اليوم، وبعد مرور خمسين عاماً على ما قاله نعيمة، نستعير ذات الوصف للكتاب القيم الذي بين أيديكم وأبرزُ ما فيه تلك الخواطرُ الوجدانيةُ الواردةُ في فقراتٍ مميزةٍ بعنوان "وجهةُ سير" التي تقتربُ من الآياتِ في شكلِها ومن الحكمةِ في مضمونِها. وقد دأب خالد على أن يتحفَنا بالجديدِ مع كل إصدارٍ، بألوانٍ وأفكارٍ زاهيةٍ متجددة.

كلُّ كتابٍ يصدرُ للأديب خالد حميدان، يؤسّسُ أرضيةً صالحةً لإصداراتٍ جديدةٍ وأفكارٍ جديدةٍ ومواقفَ جديدة. وفي هذا الكتابِ ما يجعلنا نتلهّفُ إلى المزيدِ وإلى الجديد..

ع. ق.

●

Ω

اعتاد سياسيو لبنان على ارتداء الأقنعة المناسبة في مواجهة مختلف الاعتراضات الشعبية. يقولون في كل عيب من عيوبهم أنه صنيعة لعبة الأمم التي تعبث بحاضرنا ومستقبلنا. إلى هؤلاء نقول: لو لم تكونوا الأداة الطيعة والطعم الدسم لما سالت عليكم لعاب الأمم..

إلى شباب لبنان.. تبلّغوا وبلّغوا..

2015/09/03

كادت التظاهرات التي ملأت شوارع العاصمة بيروت في الأسبوعين الماضيين، أن تشكل بارقة الأمل التي ينتظرها اللبنانيون منذ زمن طويل بعد أن ضاقوا ذرعاً بالأزمات المتلاحقة التي أقفلت عليهم كل الطرقات وجعلتهم أسرى طموحاتهم التي تحمل في طياتها مشروع وطن جديد قد تنضج ثماره إذا ما تسنى له الرعاية الجدية والسعي المستمر، ولكن سرعان ما استنفر "أهل الحل والربط" ليجهضوا ذلك الأمل في مهده.. فلقيت المبادرة أشواكاً في انطلاقتها منذ اليوم الأول كما انتشرت آراء سخفت الفكرة ووصفتها بالبعيدة عن أرض الواقع..

لا شك في أن غالبية الشعب اللبناني تعيش اليوم أجواء حلم طالما داعب قناعاتها وطموحاتها.. الحلم بإسقاط النظام الطائفي الذي لا يحتاج إلى تحليلات وبراهين للإشارة إلى مساوئه وعقمه في إقامة العدل والمساواة بين المواطنين، فكيف بإدارة شؤون الدولة ورعاية الأمن والنظام العامين..

هذا النظام الذي يشترك لحمايته في لبنان رجال الدين والاقطاع ورأس المال وكأن بين الجهات الثلاث عقداً اجتماعياً لتقاسم المغانم على حساب الشعب..

قام الحراك الشعبي في بيروت بعناوين كثيرة ومختلفة تصب جميعها في حفظ حقوق المواطن وممارسته للحرية في وطن يتغنى بالديمقراطية ولا يعرف منها سوى الإسم والشعار.. وكان يوم 29 آب 2015 اليوم الحاسم لبدء ذلك الحراك. أما المطالبة بإسقاط النظام الطائفي، فتبدو بلا شك أنها جاءت تأثراً بقيام الحركات الشبابية والثورات الشعبية في باقي الدول العربية التي تعاني مما يعانيه لبنان من شوق للحرية والديمقراطية ورغبة في صون الكرامة الانسانية.. وقد ضمت شعارات الحركة، المطالبة بتحقيق المواطنة المتساوية وتعميم العلمانية في جميع المرافق العامة وفي مختلف المجالات.

وفي هذا الإطار كتب كثيرون من المنظرين "المحترفين" في لبنان وجاءت تحليلاتهم متضاربة إذ يستخف البعض بهذا التحرك ويرون فيه نوعاً من "فشة الخلق" من غير أن يدخلوا إلى أعماقه. ذلك أنهم يرددون ما كان يقوله آباؤهم أو أجدادهم من أن لبنان لا يحكم بغير التوافق بين طوائفه في "ترويج للوصاية الخارجية". وهذا المنطق كان قد أوجده المستعمر الذي تسلط على بلادنا من خلال رجال الدين والاقطاع لما كان لهؤلاء من نفوذ على العامة من أبناء الشعب.

أما البعض الآخر فراح يطمئن المنتفضين على أن لبنان كان السباق في التأكيد على الدولة المدنية وعلى سائر مندرجات الحوار والتنوع في إطار الشراكة الوطنية. وإذا كان يمر لبنان اليوم بأزمة سياسية واجتماعية، فإنها سحابة صيف لا بد لها من أن تعبر ويعود لبنان إلى صفائه ودوره التاريخي في المنطقة والعالم. وأصحاب هذا الرأي هم من جماعة "الرومانسيين" الذين صدقوا ما كان يقال عن لبنان، أنه بلد التنوع الحضاري الذي يفخر بالتعددية وقبول الرأي الآخر. وبالرغم من هذه الكذبة التي باتت مكشوفة، راح هؤلاء يسوقون لها لدى الشباب المنتفض في محاولة يائسة لإخماد صوته وثورته..

وكان لبعض السياسيين موقف مما يجري في الشارع، في ظاهره مؤيد لدعوات إسقاط النظام وفي باطنه محاولة للالتفاف على الانتفاضة والمنتفضين. وهذه الطرافة يشترك فيها أهل السياسة في لبنان مع زملائهم في أي بلد عربي. فلقد لقنهم "الوصي" على مر العصور والدهور، كيف يحكم القيد على رقاب الشعوب..

***

هذا هو لبنان وهذه هي العادات التي يمارسها أهل السياسة فيه: يمعنون في التهديد والترهيب حتى الثمالة ويستبيحون الكذب والاتهام حتى الكفر ويجاهرون بما يقال وبما لا يقال حتى المكابرة، حتى إذا ما بلغت الأزمة ذروتها وأُقفلت جميع الأبواب، تباعد الكل عن الكل وأقيمت الاصطفافات الطائفية والمذهبية ـ كفرز طبيعي في النظام القبلي ـ

استعداداً للأعظم الذي قد يأتي. وإذا كان للأزمة أن تعبُرَ من دون أن تتحول إلى فتنة مسلحة، يعقد أمراء الطوائف جلسات الحوار والتشاور ويستقبلون ممثلين محليين وإقليميين، وآخرين دوليين حاملين إليهم مشاريع التسويات والحلول والشعارات البراقة لذرِّ الرماد في عيون الشعب الذي يتطلع، مع إشراقة كل صباح، إلى بصيص من نور.. وإذا بالحل ـ المفاجأة يأتي من حيث لا أحد ينتظر، فتقام له احتفالات "عفا الله عما مضى" وتكثر خطابات "العيش المشترك" و"الديمقراطية التوافقية" و"نبذ الطائفية" وسائر الهرطقات السياسية التي يجيدها الكل بأحدث شكل وحلة.

مشاهدات كثيرة تتعرف إليها اليوم وأنت تراقب الأزمة السياسية في لبنان:
يكذبون على المواطن لإثارته واستمالته بادعاءات ملفقة. وإذا ما سألت عن السبب يقولون لك: هذا مسموح في السياسة...!
يتهمون ويخوّنون الآخرين لتحريض سامعيهم وكسب تأييدهم. وإذا سمحت جرأتك بالاستفسار تلقى ذات الجواب: يجوز هذا في السياسة...!
يرفض واحدهم أن تقول له: معلوماتك كاذبة أو غير صحيحة. ولا يمانع.. لا بل يبتسم راضياً إذا قلت له أن معلوماتك غير دقيقة. فكأن استخدام عبارة "عدم الدقة" أصح لغوياً من استخدام كلمة "الكذب".. ربما لأنه يجوز هذا في السياسة...!

يدّعي الجميع المعرفة بكل شيء وخاصة في المسائل القانونية والاقتصادية وهم، للأسف، وإن عرفوا شيئاً فقد.. غابت عنهم أشياء كثيرة ـ وهنا نتحدث حتى عن كبار المسؤولين في الدولة ـ والبرهان على ذلك، ما هو حاصل اليوم من اختلاف في الرأي حول مسائل دستورية أساسية وقد أدى هذا إلى تعطيل المؤسسات الدستورية كافة وفي طليعتها رئاسة الجمهورية والحكومة ومجلس النواب.

يتبارون ويتنافسون في ترويج البدع والابتكارات ـ الفارغة من كل مضمون ـ على غرار ترويج ما يسمى بالأغاني الشبابية الحديثة. يريدونك أن تصغي إليهم وتصفق لهم وتؤيد ما يقولون من دون سؤال أو تعليق..

يرددون شعارات "نبذ الطائفية" على المنابر في وضح النهار ويعملون على تكريسها خلسة عند المساء..

يطلقون "العيش المشترك" غاية في العلن ويعملون على "الفرز والضم" في الخفاء..

أما "الديمقراطية التوافقية" التي يتغنى بها الموالي والمعارض على حدٍ سواء، فهي القاسم المشترك بين أهل السياسة في لبنان أو قلْ هي ابتكار لبناني أو "كلمة سر" بين "الضالعين" في الإبقاء على النظام الطائفي.

استوقفني مشهد حي لدودة الحرير فيما كنت أستعرض بعض الأفكار التحليلية للأزمة اللبنانية الخانقة التي عمل الأفرقاء اللاعبون على الساحة على نسجها، حتى اكتملت فصولها وأطبقت منافذها على الجميع، تماماً كما تفعل دودة

القز في شرنقتها الحريرية حيث تنتهي بأن تقفل على ذاتها كل المنافذ قبل أن تتحول إلى فراشة، وخلصت إلى التالي:
إن الاستخفاف الذي يستخدمه أمراء الطوائف اللبنانية لمعالجة القضايا الوطنية الكبيرة قد بلغ ذروةً تنذرُ بأسوأ الاحتمالات إذا لم يستدرك الأمر شباب لبنان!!
وهنا نسأل: من الذي يدفع ثمن هذا الاستهتار "الوطني" غير شباب الوطن...؟
فإذا كان للزعيم أن يندد أو يهدد، فلا يمكنه ذلك إلا بالاعتماد على همم الشباب ..
وإذا كان للقائد أن ينتصر، فلا ينتصر إلا بسواعد الشباب..
وإذا كان للوطن أن يظفر، فهو لا يظفر إلا بعزم الشباب..

فإلى ماذا تتطلعون...؟
بل إلى أين أنتم ذاهبون يا شباب لبنان...؟
يدْعون للتظاهر وإذا بكم أنتم تتظاهرون..
يهدِّدون بالشارع والساحات وإذا بكم أنتم تعتصمون..
يطبِّلون بالخطابات والشعارات وإذا بكم أنتم تنتفضون..
هم يحرضون وأنتم تنساقون..
هم يشتمون ويلعنون وأنتم تردِّدون..
وقد فاتكم يا شباب بلادي أن هؤلاء لا يخافون عليكم ولا يخشون عاقبة مهما تمادوا في غيهم، لأنهم محصنون بالغطاء "العرفي" أو "الميثاقي" ومحيدون بـ "العقد الطائفي التوافقي". أما أنتم فمعنيٌ بكم العقاب والعاقبة، ويسهل النيل منكم لأنكم أحرارٌ مكشوفون..

أنتم الأداة لكل مآربهم والدرع الواقي لكل مشاريعهم: يهددون بكم ويحرضون بكم ويملؤون الساحات بكم...!

فما جعل السيّد سيداً غير العبيد.. فارفضوا الرقَّ وكونوا أنتم الأسيادَ لا العبيد...!

وما جعل القائد منتصراً غير الجنود.. فالقائد المنتصر هو أنتم: شباب لبنان الجنود...!

فلا تلزموا الصمت بوجه الخطباء المحرِّضين..

ولا تدَعوا القرار في أيدي الدعاة المضلِلين..

فيا شباب لبنان..

أنتم اليوم غير ما كنتم عليه قبل 29 آب. أنتم الثائرون الأحرار.. فارفضوا أن تسمى انتفاضتكم "حراكاً" بل ثورة مستمرة حتى تحقيق مطالبكم. إنها ثورة حضارية لاعنفية مهما حاول المندسون وأزلام النظام..

أنتم بناة لبنان الجديد.. لبنان المحبة والقيم الانسانية.. فابعدوا عنكم أصحاب الاصطفافات الهمجية وارفعوا رايةً بيضاء واحدة ينضوي تحتها كل راغبٍ في التغيير..

لقد خطوتم الخطوة الواثقة لضمان مستقبل شبابنا وأطفالنا على أرض الوطن.. بوركت تلك الخطوة الباسلة.. فلا تغرنكم وعودهم ولا تصغوا لخطاباتهم ولا تقبلوا تبريراتهم، بل حددوا الهدف ووحدوا الصفوف ولا تتراجعوا عما أنتم عليه عازمون، والنصر لكم لا محال..

●

Ω

الأزمة المستمرة في لبنان ناجمة عن ممارسات عبثية أبطالها أمراء الطوائف الذين يقفون خلف ستار النظام الذي يحميهم ويحفرون في كل يوم شبراً على طريق هلاك الوطن ويدّعون الغيرة والحرص على كرامته وسيادته..

في ذكرى الأربعين
على رحيل د. كلوفيس مقصود

2016/06/18

أيها الحفل الكريم،

يسرني أن أتقدم بالشكر من جميع الذين لبّوا دعوتنا إلى احتفال اليوم أفراداً ومجموعات.. كما يسعدني أن أنوه بالمؤسسات العربية التي شاركت في هذه المناسبة وأخص بالذكر الجمعية الدرزية الكندية التي استضافت مركز التراث العربي لإقامة هذا الاحتفال المميز في هذا البيت الكريم الذي قلتُ فيه بالأمس "بيت التوحيد.. بيت العرب."

ولست أريد أن يفوتني التنويه بالجهود الكبيرة التي قدمها الصديق الشاعر رضوان أبو فيصل في إدارته الواعية لبرنامج الاحتفال. والأستاذ رضوان، كما يعرف الكثيرون، هو شاعر زجلي من الطراز الأول لا يحمل في جعبته سوى زاد المحبة.

مهمتنا اليوم، أيها السيدات والسادة، هي إحياء ذكرى عظيم من بلادنا عرفته المحافل المحلية في لبنان كما المحافل العربية والدولية، مسيحياً يدافع عن الإسلام ولبنانياً يدافع عن قضايا العرب وهو الذي انطلق في مطلع الخمسينات

من القرن الماضي في خطابات ومؤتمرات ومساهمات إعلامية مختلفة، شارحاً معنى الحياد الإيجابي وسياسة عدم الانحياز التي تعني في مضمونها وجوهرها، تحرير الإنسان من عبودية الإنسان.. هذا هو كلوفيس مقصود...!

انتقد أوضاع الجاليات العربية في الاغتراب ورأى فيها تهديداً لمستقبل الوطن من جراء الممارسات الخاطئة. فدق ناقوس الخطر مطالباً تلك الجاليات أن تكون خميرة لما يجب أن تكون عليه الأوطان الأم لا مرآة لما هو عليه معظمها من تشرذم طائفي ومذهبي وتخلف تنموي وحرمان لممارسات حقوق الانسان..

دعا شباب لبنان ومؤسسات المجتمع المدني إلى انتفاضة مدنية لإسقاط النظام الطائفي وبناء الوطن المؤهل لحماية مواطنيه. وقد طمأن أصحاب الهواجس والقلوب الحائرة، مؤكداً أن إسقاط النظام الطائفي واستبداله بنظام مدني علماني، لا يلغي دور الطوائف الإرشادي والخدماتي، بل هو الضمانة الوحيدة لحماية جميع الطوائف والمذاهب..

لن أسترسل في ذكر مآثر الراحل الكريم وهي كثيرة لكن ملاحظةً واحدة أوردها هنا: أن المؤمنين الأتقياء، يغادرون الحياة على غفلة منا إلى عتمة الموت، كالهاربين في الظلام.. وليس في هذا ما يدعو للحزن...! ذلك أن العظماءَ، لا وقت لديهم للموت ولا خوف عليهم في السماء، فهم يعيشون أبداً في دوران النهضة وذاكرة الأمة الحية.. والموت بأي حال ليس نهاية، بل بداية حلم جديد..

سيداتي سادتي..

قبل أن أغادر هذا المنبر، سأعترف أمامكم أنه، خلال هذا العمر الطويل، انتابني شعور بالعظمة مرتين: المرة الأولى يوم قدمت الفيلسوف الراحل الكبير ميخائيل نعيمة عام 1973.. والمرة الثانية يوم قدمت صاحب مشروع الدولة العلمانية في لبنان، المغفور له المطران غريغوار حداد عام 1980، وها أنا أشعر اليوم بذات العظمة وأنا أتحدث عن فقيدنا الدكتور كلوفيس مقصود. فأيقنت بما لا يقبل الشك، كيف ينساب إلى ذاتك مثل هذا الشعور لأقول: إنك تشعر بالعظمة فقط.. عندما تقدم عظيماً..

●

وجهة سير

لا نذهبنّ للتفتيش عمن نخاصم أو نعادي إذا تخلفنا عن مواكبة الحياة في عزها وعلائها..

إن أكثر ما نحتاجه اليوم، في عصر التراجع والانكفاء، هو العودة إلى الذات وتلاوة فعل الندامة أمام الله والضمير. فالعدو يعيش في داخلنا وينمو في تخاذلنا وينتصر في انهزامنا..

الأضحى قبل حلوله..

2019/07/005

بدأت منذ اليوم تنهال علينا رسائل وبطاقات المعايدات لمناسبة عيد الأضحى المبارك الذي سيحلُّ بعد أيام، لتذكرَنا بسذاجتنا وتمسكنا بتقليد بالٍ مرَّ عليه الزمن، وكثيرون منا لا يعرفون له معنىً سوى أنه واجبٌ علينا أملته اللياقات الاجتماعية في إطار العادات والتقاليد المعمول بها في عالمنا "المتواضع".

لقد آن لنا أن نخرج من هذه العادة الفارغة من كل مضمون، لننتقل إلى ما يعنيه العيد فعلاً والعمل بالتالي بإرادته ومبتغاه:

- أوَليس العيد.. أن نقتلعَ شوك الشرور من صدورنا لتنموَ المحبة ويزهرَ السلام؟ وأن يُهزمَ الجفاءُ في قلوبنا فنجني القطافَ حلوَ الوئام...؟

- أوَليس العيد.. أن نذهبَ إلى فقراء الأعياد الصابرين، فنعلمَ الغناء للبكم والرقص للمقعدين...؟

لقد آن لنا أن نرى في "الأضحى" أبعدَ من يومه "المبارك" وأعمقَ من تمنياته "العطرة" المتطايرة هنا وهناك لندركَ أنه العودة إلى الذات ومساءلة النفس والضمير..

- ماذا فعلنا من أجل شبابنا وأطفالنا المشردين على مساحات الوطن...؟
- ماذا هيأنا لإنقاذ أهلنا من آلام المرض والحاجة والضياع...؟
- ماذا أعددنا لنرقى بمجتمعنا إلى مصاف المجتمعات الحضارية غير التبخير والتبجيل في الشعر والأغاني؟
إن الواجب الذي ينتظرنا، هو عمل يومي متواصل وفيه يكمن معنى الأضحى الحقيقي..
فإذا كان لنا أن نردد صلاتنا كل يوم لننتصر على ذاتنا وينتصر الوطن، فذلك هو طريقنا وتلك هي صلاة العيد.. وهكذا تتحول المعايدة إلى تقليد يومي نفاخر به لأنه يزخر بالعطاء المعطَّرِ بالمحبة.

في تعليق للصديق الأستاذ فارس بدر على ما ورد في كلمتي أعلاه، كتب يقول: "كلماتك تضع الإصبع على الجرح، وتوصيفك لحالنا وأحوالنا أسميته "ثقافة الإلغاء والإقصاء والإعدام". وقد صدرت بحق شعبنا أحكام تعسفية كثيرة من القضاة الجالسين على منابر هذه الثقافة، وعندما يأتي العيد تنهمر عليك رسائلهم كفتاوى شيوخ هذا الزمن الذي أصبح فيه العرس أغلى من المحبة، والثياب أثمن من الجسد، والمأتم أكثر أهميّةً من الفقيد.."
أعجبني جداً ما جاء في رسالة الصديق فارس. وأنا لست هنا لأشكره على إطراءٍ أو تقديرٍ وهذا تحصيلٌ حاصلٌ، بل لأؤكدَ أنه، كما عرفته دائماً، مبدعٌ في توصيف الحالات

والأمراض التي يعاني منها شعبنا والتي أوصلتنا إلى ما نحن عليه حاضراً.
إن ثقافة "الإلغاء والإقصاء والإعدام" السائدة في مجتمعنا والتي يمارسها أسياد الطوائف وأمراء الحروب الإلغائية، هي ليست وليدة اليوم، بل امتداداً لعقود من التخلف والجهل وفن طأطأة الرأس..
لقد آن لنا أن نضع الأصبع على الجرح قبل أن يضع النزف المتواصل حداً لوجودنا كمجتمع ينبض بالحياة وينتج كل خير وجمال..
لقد آن لنا أن نسدل الستائر على فصول الإحجام واليأس التي أقعدتنا طويلاً لنعلن عن ولادة إنسانٍ جديدٍ متحررٍ راغبٍ بالحياة..
لقد آن لنا أن نقف بوجه الطغاة الطامعين الذين يحرقون ويدمّرون البلاد من أجل حفنة من المغانم ولا تطالهم مساءلة أو محاسبة..

إلى شباب وأطفال بلادي المتطلعين إلى غدٍ مشرق أقول:
إن الثورة التي نحرِّضُ عليها هي ليست لعصابات السطو والنهب وقطاعي الطرق، بل هي ثورة حضارية تبدأ بالحوار مع الذات لإجراء المساءلة والمحاسبة ثم العمل بما يرضي الله والضمير..
لقد آن لشعبنا أن ينتصر...!!

●

Ω

إن حالة الهستيريا السائدة في لبنان اليوم، تذكرني بالكواكبي حيث يقول: "نرضى بأدنى العيش عجزاً ونسمّيه قناعةً ونهمل أبسط حقوقنا ونسمّيه توكلاً ونموّه عن جهلنا الأسبابَ بقضاء الله وقدره"..

إن حالةً كهذه، لهي أخطرُ بكثير مما لو اعترفنا صراحةً بما اقترفت أيدينا بحق الوطن وعملنا بعزم وثبات على إنقاذه من الانهيار والسقوط.. هلا سألنا أنفسنا ماذا ينتظرنا عندما يسقط الوطن؟؟

الأضحى: سلوك عرفاني لبلوغ "مدينة اللّه"

رد على مقال د. خريستو المرّ

حول معنى "الأضحى"..

2019/08/12

قرأت مقالك الذي نشر يوم أمس لمناسبة عيد الأضحى فأعجبت بمضمونه وبالنفث الوجداني الذي عرضته به. ثم وصلني ذات المقال مرفقاً بدعوة بعض الأصدقاء للاطلاع عليه. فأعدت قراءته أكثر من مرة. وهنا لا بد لي من الإشارة إلى بعض الملاحظات حول ما ورد فيه وإنني على ثقة بأنك ستتقبلها برحابة صدر لما عرفته فيك وعنك من تمسكٍ بأدبيات الحوار الإيجابي والقبول بالرأي الآخر.

تقول في المقدمة مخاطباً الله على كلام تصورتَ بأنه صادرٌ عنه وكأنك أردت أن يمتدَ إبراهيم إلى خارج القبيلة كما تقول، "إلى خارج صلة الدم والأرض، تلك الرابطتان البدائيتان اللتان نبدأ بهما تواصلنا الإنساني، واللتان إن وقفنا عندهما أبقتانا أمام مرآة ذاتنا الجماعية: عائلتنا ومواطنينا". ثم تضيف: "تجاوز إبراهيم جذور تاريخه الماضي (العائلة والأرض) ولكن بقي أمامه تاريخه المستقبلي: إبنه". وفي

مكان آخر: "وتخلى إبراهيم عن ابنه، آخر جذوره في المستقبل." ثم تخلصُ إلى القول بأن صار إبراهيم نموذج العابر والغريب، المتوجه إلى "المدينة الباقية" أي مدينة الله. وتؤكد أن حب الله لا يتحقق إلا بالخروج من العشائر والأوطان للانضمام إلى قافلة الغرباء، المحبين لله وللعالم..

*****

أسمح لنفسي هنا أن أعارض هذا التوجه من حيث المبدأ والتطبيق لأنه منافٍ لطبيعة التواصل الإنساني في حياة كل الناس والسؤال هو التالي: كيف لأي إنسان أن يقفز إلى تاريخ مستقبلي إذا تجاوز تاريخه الماضي أو الحاضر...؟

ـ الجواب أنه من غير الممكن أن يكون لأي إنسان مستقبلٌ معزولٌ عن ماضيه وحاضره. وبالمعنى التطبيقي فإن "الانضمام إلى قافلة الغرباء المحبين لله والعالم" كما ذكرت، لا يلزمه التخلي عن "مواطنينا والخروج من الأوطان" إلى اللحاق بالقافلة المتجهة إلى الله. فمن الممكن، لا بل من الضروري، أن نجمع أهلنا في "العشائر والأوطان" لندلهم على الطريق إلى الله، وأن ندعوهم إلى السير معاً لبلوغ "المدينة الباقية"، مدينة الحب والفرح والأمل..

ـ ثم ماذا يعني أن ينعم الإنسان وحيداً في "مدينة باقية" كما تقول، بعيداً عن بيئته الاجتماعية (العائلة والأرض) التي هجرها أو تخلى عنها وكأنه يسلخ نفسه عن مجتمعه الذي يساوي وجوده. فالإنسان الحقيقي هو المجتمع بكليته وليس

28

الفرد سوى إمكانية محدودة فيه. وهذا الاعتبار لا يسقط عن الفرد حقيقته الإنسانية، بل إنه يرفع به من حدود فرديته وإمكانيته المحصورة والقاصرة إلى فضاء اجتماعي رحب منفتح على الكون.

- الأضحى كما أنظر إليه، بخلاف الشروحات المختلفة والمتعددة، هو سلوك عرفاني لبلوغ "مدينة الله". فالمؤمنُ يتعدى في إيمانِه وتقواه، المنظورَ الحسي إلى المنظورِ العرفاني الروحاني، مؤكداً بما أوتيَ من اتساعٍ في المعرفةِ ونفاذٍ في الرؤيةِ، أن اقترانَ هذه الحقيقةِ بالمرتجى الأسمى في أزليتِه، هو التحققُ بروح الله.. وتبقى الحرية أهم ما يحققه الإنسان في سلوكه العرفاني. هذا ومن الطبيعي ألا تغرّد هذه الحرية إلا داخل سربها الاجتماعي الطبيعي حيث "الأرض والمجتمع" أكانا من الماضي أو الحاضر أو المستقبل.. وكل ما يعرِّض هذا التكامل أو التناغم الإنساني الاجتماعي إلى الزعزعة، هو أمر غير طبيعي مرفوض.!

- في الفقرة الأخيرة من المقال تشير إلى الذين يضحون بحياتهم وأجسادهم من فقراء لبنان ومهجّري سوريا ومشرّدي فلسطين الذين هم "مضمومون إلى قلب الله وأننا لن نستطيع الانضمام إليهم إلا بالعبور معهم، غرباءَ عن كل أرض وكل شعب، ومواطنين بالحب، في كل أرض وفي كل شعب."

باختصار لا أفهم كيف نعبرُ إلى قلب الله مع الفقراء والمشرّدين الذين هم منا حسباً ونسباً ونحن غرباء عن كل

أرض وشعب...؟ لست راغباً هنا في التعليق على هذا القول سوى أنني لو كنت من سيكتب هذه الجملة، لاستأذنتك صديقي الدكتور خريستو لأقول: إننا مصممون على أن نعبرَ كل الحواجز لنكون برفقة المسافرين إلى قلب الله، مواطنين لأرضٍ هي أرضنا ولشعبٍ هو شعبنا..

هذا واقتضت الإشارة،

أرجو قبول وافر التحية والاحترام..

المخلص

خالد حميدان

وجهة سير

تعودُ ذكرى القيامة في كلِّ سنةٍ لتتنبّهَ العالمَ إلى معنى الذكرى وحضِّ النفوسِ لمواكبةِ مسيرةِ السلامِ.. أهل تكونُ قيامةُ السنة مختلفةً عن سابقاتِها؟

علّنا نتّحِدُ بقيامةِ السَّيدِ المسيحِ الذي نفضَ عنه غبار الموت وانتصرَ، لننفضَ نحنُ عن ضمائِرِنا غبارَ القلقِ والتردُّدِ.. إن غداً مشرقاً يبدو في الأفق وينتظر الخطوة..

وجهة سير

أخي أيها المواطنُ الحرُّ.. لا تلتفِتْ لمنْ يشكِّكُ في ثورتِكَ بعدَ اليوم، فأقواسُ النَّصرِ تنتظِرُكَ بعد أن كسَرتَ حواجزَ الذُّلِ والخوفِ. والخطوةُ الحاسمةُ في أيَّةِ حالٍ، لا تحتاجُ إلى كثيرٍ من الطَّبلِ والزَّمرِ والضَّوضاءِ الفارغةِ، فربَّ صمتٍ مؤمنٍ يُحدِثُ الثورة الجديرة بمساحةٍ في التاريخِ.. وتذكَّرْ بأن الخالدَ ليسَ من يَعْبُرُ التاريخَ، بل من يَصنعُ التاريخَ ويَعْبرُهُ..

فعل الندامة من أجل لبنان

2019/10/01

يعيش المواطن في لبنان اليوم واقعاً مضللاً بعد أن تجاوزت الأزمة السياسية كل الأعراف والتقاليد وأثيرت جملة من المواضيع التي اعتبرت العثرة على طريق الحل، من غير أن يُطرح موضوع الطائفية في العمق والوقوف عنده كأساس لكل المشكلات العالقة. لا بل على العكس، يقوم أهل النظام على اقتراح تشريعات جديدة للانتخابات القادمة تكرس الطائفية وتقطع الطريق على المنتفضين والمطالبين بالدولة العلمانية والتشريعات المدنية. وهكذا يتسابق السياسيون بوقاحة وجرأة غير مسبوقتين، إلى إعلان ولائهم صراحة، للطائفة وليس للوطن..

وإن كنا نشير إلى الواقع المضلل الذي يتخبط فيه لبنان، فليس من باب الإحباط أو إدخال الرعب إلى نفوس المواطنين، وإنما للتنبيه والدعوة إلى تضافر الجهود لإجراء ما يلزم من تدابير وقائية ممكنة قبل فوات الأوان. وإن ما يحصل من جراء المهاترات والتجاذبات بين السياسيين والانتهاكات الأمنية العبثية في تحدٍ للدولة والقانون، لهو

حدث شاذ لا يمكن علاجه إذا ما وقعت الواقعة، بعبارة "لا غالب ومغلوب" كما جرت العادة في السابق بعد كل جولة سياسية أو أمنية. وإن التمادي في مثل هذا الجو قد يؤدي إلى سقوط الوطن وتشريد المواطن، ولن يكون هناك في النهاية غالب ومغلوب، بل عدمٌ يطال الجميع ويرمي الجمهورية في مهب الريح والمجهول ..

كنا ننتظر، على امتداد خمسةٍ وسبعين عاماً من الاستقلال، أن يخرج لبنان من مستنقعات التبعية والطائفية التي خلفتها مراحل الانتداب والاستعمار ليعبر إلى الدولة العلمانية ويقيم المواثيق المدنية بدلاً من المواثيق المذهبية التي استمرت في تكبيل المواطن بقيودها الخانقة والقاتلة أحياناً، حتى وصلنا إلى ما وصلنا إليه اليوم من تشنجات وانحرافات صرفتنا عن الوطن. والغريب في الأمر أنه بالرغم من وضوح الداء الذي ينخر في الجسم اللبناني ويعطل فيه معظم المرافق الحيوية، نجد جهابذة الطاقم السياسي يعملون على اقتراح الحلول المختلفة للخروج من الأزمة المستفحلة دون أن يتعرضوا، ولو لمرة واحدة، إلى وباء الطائفية السياسية التي تتحكم في قراراتهم وممارساتهم وكأنها الخط الأحمر الذي يقف عنده الجميع وبتوافق الجميع. وهذا ما يشير إلى هشاشة الفكر والالتزام المبدئي الذي يعاني منه لبنان وقد بات الوضع ينذر بالانفجار..

إن قيام الدولة المدنية العلمانية في لبنان، لا يعني مطلقاً نصب العداء للأديان السماوية أو إقصاء المؤسسات الدينية

عن دورها الإرشادي والخدماتي. وإنما المقصود هو قيام دولة قوية متحررة من قيود الطائفية وحاضنة لجميع الأديان والطوائف على ثوابت وطنية أهمها:

أولاً: تعميق الاطلاع لدى المسيحيين كما المسلمين، على جوهر الرسالات السماوية التي تلتقي على المحبة والسلام وتوصي بالقيم الانسانية الجمالية، انطلاقاً من حتمية الشراكة الوطنية بين أبناء الوطن الواحد. وهكذا بدلاً من أن يتساوى المسلمون والمسيحيون في جهل بعضهم بعضاً دينياً وتاريخياً، يتساوون في المعرفة والانفتاح واحترام البعض لمعتقد الآخر..

ثانياً: إعادة كتابة التاريخ اللبناني بعيداً عن إثارة الحساسيات الدينية والمناطقية والاقليمية وتعريف الأجيال الطالعة، وهم على مقاعد الدراسة، بنتاج طلائع اللبنانيين المبدعين، في الوطن كما في المغتربات، الذين أغنوا الحضارة الانسانية بعلومهم وفلسفاتهم واكتشافاتهم، لتكون حافزاً لهم على العطاء والإبداع.

ثالثاً: التعاطي مع تطورات المنطقة بصفة الشريك المعني بالمستجدات الأمنية والاقتصادية والاجتماعية وخاصة أننا نواجه عدواً واحداً متربصاً بحقنا وأرضنا ولم ينته صراعنا معه بعد. أضف إلى ذلك أنه لا يمكن للبنان أن يعيش في عزلة عما يدور حوله، لأنه معني بالقرار والمصير.

إننا مدعوون جميعاً إلى تلاوة فعل الندامة وإعادة النظر بما يرضي الضمير، لإيجاد المخارج الناجعة التي تنقذ لبنان وتعيد له المناعة المفقودة، وليس في النهاية ما يبرر فشلنا واستسلامنا للسقوط...!

●

عندما يسقط الوطن..

2019/10/12

يقولون إن الحروب الطائفية في لبنان، على مر الأزمان، هي من صنع الأجنبي أو المستعمر.. هكذا كنا نسمعُ وهكذا تعودنا أن نتهمَ أياً كان بأي إساءةٍ تنال الوطن.. المهم أن نبعدَ الأصابعَ التي تشيرُ إلينا لنوجهها إلى الآخرين..

ومن أدبيات المغالطات التاريخية أن نكرر ما يريدون لنا أن نصدقَ بأن لبنان هو سويسرا الشرق، أو رسالة الله على الأرض، أو أن قوة لبنان في ضعفه، أو ما شئتَ (مما لست أدري).. ويقولون إن الحرب الأهلية التي دامت ما يزيد على العشرين عاماً وراحَ ضحيتَها الآلافُ من المواطنين، هي حروب الآخرين على أرض لبنان..
فإن سلَّمنا جدلاً بهذا التوصيفِ، غيرَ أنَّ الحربَ قد نُفِّذتْ بإرادةٍ لبنانية وعلى أيدٍ محض لبنانيةٍ. فكيفَ نرضى بأن نكونَ الأداةَ الطيِّعة المنفِّذةِ لإرادةِ الآخرين...؟

بدونِ تعليقٍ أو تقديمِ جوابٍ على السؤالِ، سأكتفي باستعارةٍ من كتابِ "طبائعُ الاستبدادِ" لعبدِ الرحمنِ الكواكبي حيثُ يقولُ:

"ألِفنا أن نعتبرَ التصاغرَ أدباً، والتذلُّلَ لطفاً، وقبولَ الإهانةِ تواضعاً، والرِضا بالظُّلمِ طاعةً، والإقدامَ تهوّراً، وحريةَ القولِ وقاحةً، وحريةَ الفكرِ كفراً، وحبَّ الوطنِ جنوناً. نرضى بأدنى العيش عجزاً ونُسمّيه قناعةً، ونهملُ أبسطَ شؤونِنا تهاوناً ونسمّيه توكلاً ونُمَوِّهُ عن جهلِنا الأسبابَ بقضاءِ اللهِ وقدرِه".

إن قولاً كهذا لهو أخطرُ بكثيرٍ مما لو اعترفْنا صراحةً بما اقترفتْ أيدينا بحقِّ الوطنِ وعملنا بعزمٍ وثباتٍ على إنقاذِه من السقوطِ.. هلا سألنا أنفسنا ماذا ينتظرنا عندما يسقط الوطن...؟؟

●

وجهة سير

Ω

الاحتجازُ القسري الذي تسبَّبتْ بهِ الجائحةُ
الكورونيةُ، ليس بالسّوءِ الذي قد يَظُنُّهُ البعضُ، بلْ
على العكسِ إذْ جاء بكثيرٍ من الفوائدِ. فقد دلنا على
واجباتٍ كادتْ أن تنسى في علاقاتِنا الاجتماعية
وجعلَ كلاً منا يُعيدُ النظرَ في العاداتِ التي قيَّدَتهُ
على مرِّ السِّنين بصوابيَّتها أو بأخطائها، بالإضافةِ إلى
تذكيرِنا بمُمارسَةِ هواياتٍ كانتْ تنقُصُنا في الأيامِ
العاديَّةِ، كالموسيقى، والرياضةِ، والمطالعةِ، وغيرِها..
ويبقى الكتابُ في الاحتجازِ القسري خيرَ صديقٍ،
فالقراءةُ تحرِّرُكَ من كلِّ قيدٍ.

وجهة سير

تكثر الكوارثَ التي تحل بالجمهورية مع اقتراب مئويتها الأولى، وكأن الكيانَ الهزيل في تركيبته لم يصممَّمْ ليحيا حراً سيداً، بل ليسعى مختاراً إلى زوال.. "لبنانُ الكبيرُ" إسمٌ فضفاضٌ لكيانٍ صغيرٍ أشاعوا فيه كذبةً أكبرَ من مساحتِه وسمّوها "الميثاق". نفذوا على أرضه سيناريو الانعزال وسمّوه "الاستقلال". كيانٌ لا يستجيبُ لإرادة أهلِه، بل للإرادات الطامعة بهلاكِه واغتصابِه.. هكذا استغلوا سذاجتنا وجعلونا نألف النفاقَ والرذيلةَ ولو كلفنا ذلك انهيار الكيان..

إلى دولة الرئيس سعد الحريري
مع أطيب التمنيات..

2019/10/22

دولة الرئيس سعد الحريري
رئيس الحكومة اللبنانية الجزيل الاحترام

تحية صادقة وبعد،

في خضم الأحداث المتلاحقة والتظاهرات الشعبية التي تعم المناطق اللبنانية كافةً مطالبةً بالإصلاحات السياسية والاقتصادية والاجتماعية التي كثرت الوعود حولها ولم تنفذ..

وفي زحمة الأوراق والاقتراحات التي تصلكم من كل حدب وصوب لكمِّ أفواه المحتجين وقمع ثورة المتظاهرين الذين يملؤون الشوارع والساحات،

أرجو أن تحظى كلمتي هذه بلفتة كريمة من دولتكم، وهي كما ترون تختصر الموقف بخير الكلام لأنها تتألف من بند واحد لا غير، علها تلقى لديكم القبول الحسن.

البند الأول والأخير: أذكر كلاماً للرئيس الشهيد رفيق الحريري حول المساعدات الدراسية التي كان يقدمها

للطلاب الراغبين في التحصيل الجامعي، في لبنان أو في خارجه، وقد بلغت ملايين الدولارات الأميركية: أنه لم يقدم على فعله هذا بقصد التوظيف المالي أو كسب فوائد المال. وإنما كان يطمح إلى المساهمة المتواضعة (على حد قوله) في إعلاء شأن شباب لبنان، ومن مختلف المناطق اللبنانية، بحيث يستطيعون فيما بعد أن يلعبوا الدور الأساسي في حماية البلد وتقرير مصيره، وسلاحهم العلم والمعرفة والانفتاح على العالم. وها هو شباب لبنان الواعي ينتفض اليوم، كما توقع الراحل الكبير، ليطالب برحيل الحكومة والتعبير عن رفضه للنظام الطائفي الذي يشكل العمود الفقري للفساد والحال التي وصل إليها لبنان.

لذلك، وبما أنكم تعملون على استكمال مسيرة والدكم الرئيس الشهيد رفيق الحريري، أناشدكم باسم الملايين من الشعب اللبناني المنتفض ألا تصغوا إلى الاقتراحات والأوراق والتوصيات التي تصلكم من جهات مختلفة وتعرض عليكم الحلول التقليدية للأزمة القائمة لأنها أصبحت من الماضي. بل اعلنوا بكل حكمة وشجاعة تأييدكم لانتفاضة الشعب ولمطالبه المحقة. وليكن العنوان العريض: استقالة الحكومة تحيةً لروح الرئيس الشهيد رفيق الحريري.

واقبلوا وافر الاحترام مع أطيب التمنيات،
المخلص / خالد حميدان

●

لبنان الثورة.. إلى أين؟؟

2019/11/03

من الضروري لا بل من الواجب، قبل الدخول في أي تفصيل، أن نبارك الحراك الشعبي العفوي الذي انطلق في السابع عشر من تشرين الأول 2019 وضم اللبنانيين من مختلف المناطق ومختلف المشارب ومختلف الأعمار، في خطوة غير مسبوقة في تاريخ لبنان. فإن دلَّ ذلك على شيء، فعلى تصميمٍ جدي لدى الشعب اللبناني ورغبةٍ لا رجوعَ عنها للانتقال من قيود التبعية بجميع أشكالها إلى فضاء النور والحرية. وهكذا تم الزحف المقدس والانتفاضة المباركة اللذان شهدتهما ساحات لبنان للإعلان من هناك على قيام ثورةٍ سلميةٍ عارمةٍ مستمرةٍ حتى تحقيق المطالب واسترجاع الحقوق الشعبية المسلوبة.

هذا بالمبدأ العام. أما المطالب الشعبية التي عبَّر عنها المواطنون في هتافاتهم وشعاراتهم، جاءت عفوية ومتطابقة لبعضها البعض كون اللبنانيين يعانون من الأمراض والأوجاع ذاتها وقد طفح كيلهم من الوعود بتسوية الأوضاع وتحقيق المطالب التي ظلت مجرد أوهام في الهواء. ويمكن تلخيصها بالعناوين التالية:

1- إسقاط الحكومة بجميع أعضائها وتأليف حكومة من المستقلين.
2- تشريع قانون مدني للانتخابات وإجراء انتخابات نيابية مبكرة.
3- رفع الحصانة عن جميع الوزراء والنواب والعاملين في الشأن العام وإخضاعهم للتحقيق والمحاسبة.
4- توقيف أصحاب الصفقات والسرقات واستعادة المال العام المنهوب إلى خزينة الدولة.
5- إسقاط النظام الطائفي واستبداله بالنظام المدني العلماني.

هذا وقد شدد المنتفضون على أنهم باقون في الشوارع والساحات حتى تتحقق جميع مطالبهم وفي مقدمتها رحيل جميع السياسيين رافعين شعار: "كلن يعني كلن".

مع تقديرنا لمطالب المنتفضين وللتضحيات التي يقدمها الشعب اللبناني اليوم، إلا أنه لا يمكننا غض النظر، ونحن معنيون بالحراك الشعبي، عن بعض الملاحظات المتواضعة والتي تبدو لنا ضرورية كي يحقق الحراك نتائجه الإيجابية.

<u>أولاً</u>: من الطبيعي أن يتعرض مثل هذا التحرك الضخم إلى طوابير شيطانية بهدف إسكات صوت المنتفضين وإدخال الرعب إلى نفوسهم في محاولةٍ لجرهم إلى الوراء. ولكل من هذه الطوابير حسابات تختلف عن حسابات الآخر (لا داعٍ للدخول في تفاصيلها الآن). وجل ما في الأمر هو وجوب عدم الإصغاء إلى هؤلاء الأقزام المشاغبين والعمل ما أمكن لتلافي الوقوع في أي إشكالٍ معهم.

ثانياً: من الطبيعي أيضاً أن تتعرض الانتفاضة إلى أبواق المنتفعين من "خدمات" السلطة أو من النظام الطائفي القائم، خاصة هؤلاء الذين يطلون في الإعلام وعلى شاشات التلفزة باعتبارهم محللين ومنظرين سياسيين (مع تقديري للبعض منهم). ومثل هؤلاء يجب أن يُواجَهوا بالمنطق والحوار وبذات الوسيلة الإعلامية للوصول إلى الرأي العام. ففي الرد عليهم ما يظهر الصورة والموقف بشكل أوضح.

ثالثا: وهنا يكمن بيت القصيد.

إذا ما عدنا إلى المطالب المبينة أعلاه، نجد أن الشق الأول من المطلب الأول القاضي بإسقاط الحكومة بجميع أعضائها قد تحقق، وبه تكون الانتفاضة قد سجلت فوزاً لا يستهان به باعتراف رئيس الحكومة ورئيس الجمهورية في بث تلفزيوني مباشر أمام جميع اللبنانيين.

ماذا بعد؟ لا شيءَ حتى الآن!!!

فيما خص الشق الثاني من المطلب الأول، أي تأليف حكومة حيادية من أخصائيين تكون طبيعتها انتقالية، سمعنا تصريحاً لفخامة رئيس الجمهورية أنه سيبدأ استشاراته النيابية الملزمة في مطلع الأسبوع المقبل ولم يحدد طبيعة هذه الحكومة أو شكلها ولا عدد أعضائها. يأتي هذا التصريح بعد مضي اثني عشر يوماً على استقالة حكومة سعد الحريري وكأن الأوضاع العامة في البلد بألف خير ولا داعٍ للسرعة والتسرع، ولينتظر اللبنانيون في الساحات إلى ما شاء الله..

وفي هذا المجال نطرح السؤال التالي: كيف يمكن أن تؤلف حكومة حيادية إذا كانت الاستشارات الملزمة محصورة بالكتل النيابية التابعة لأمراء الطوائف الذين يطالب المنتفضون بإسقاطهم؟؟ من هنا التأكيد على أن الحكومة التي ستؤلف، أياً كانت تسميتها إنتقالية أو إنقاذية أو حكومة تكنوقراط، فهي لن تكون حيادية تغييرية مع الأسف، بل ستأتي على شاكلة سابقتها مع فارق واحد هو التغيير بالأسماء فقط. وكل ما يشاع ويذاع عن حكومة إنقاذية حاصلة على ثقة المجلس النيابي (إذا تألفت) هو من باب الاستخفاف بعقول المنتفضين الذين أعلنوا "ثورة مستمرة حتى تحقيق المطالب".

رابعاً: الملاحظة الرابعة وهي الأهم: افتقار الثائرين إلى مجلس للثورة يضم مسؤولين عن مختلف الساحات لإصدار البيانات والقرارات والاجتماع بالمسؤولين الرسميين إذا لزم الأمر. وعن هذا المجلس يجب أن تتألف لجان تنفيذية: لجنة مالية وقوامها رجال مال وأعمال ولجنة إعلامية من كتاب وصحافيين ولجنة استشارية من محامين وناشطين حقوقيين ولجنة توعية اجتماعية وإلخ.. بحيث يوكل إليها وضع الدراسات اللازمة وتقديم الاقتراحات المناسبة لمجلس الثورة للعمل بموجبها، وإلا كان الارتجال والتفرد بالرأي سيد الموقف حيث يؤدي (لا سمح الله) إلى إخماد الثورة في مهدها. وهذا الأمر قد لا تحمد عقباه بعد أن قطع المحتجون أشواطاً بعيدة من الصبر والتضحية على أمل استرجاع حقوقهم المصادرة أو بعضها.

46

وإذا ما نظرنا إلى مجمل المطالب التي ذكرناها آنفاً، يتبين لنا أنها غير ممكنة التطبيق إذا لم تتوفر الآلية المناسبة لتطبيقها خصوصاً أننا نعمل وفق القوانين المرعية المعتمدة في النظام القائم. وإذا كان الرهان على استحداث قوانين جديدة فإنها لا تصبح نافذة إلا إذا أقرها المجلس النيابي..!! وتبقى الأسئلة قائمة دون الجواب عليها. وبالتالي.. كيف سيتم التغيير المنشود؟

- من سيحل المجلس النيابي الحالي؟

- من سيصدر قانون الانتخابات الجديد ويدعو إلى انتخابات مبكرة؟

- من سيرفع الحصانة عن النواب والوزراء للتحقيق معهم؟

- من سيكشف السارقين واستعادة المال المنهوب إلى الخزينة؟

- من هي الجهة التي ستغير النظام من طائفي إلى علماني؟

هذه وغيرها من الأسئلة تحتاج إلى أجوبة علمية دقيقة ومن غير الحكمة الاكتفاء بالتظاهر وإطلاق الشعارات بالأخص عندما يتعلق الأمر بإطلاق الاتهامات العشوائية بالسرقة أو الاختلاس أو السمسرة أو وأو.. ذلك أن الاتهام ولو كان مبرراً لا يُسمح به إلا للجهة القضائية صاحبة الصلاحية وكل ما عداه يعتبر تعدياً أو افتراءً يحاسب عليه القانون. من هنا أهمية أن يكون للثورة مرجعاً قانونياً للإجابة على الأسئلة المبينة أعلاه.

نقول هذا ليس لإدخال اليأس والإحباط إلى نفوس الثائرين، بل للتنبه إلى ما تتطلبه المراحل المقبلة للثورة وإلا سنكتفي

بأننا أسقطنا الحكومة بانتظار تأليف حكومة جديدة مماثلة وهذا ليس من منجزات الثورة وإنما من أعمال التطبيع والقبول بالأمر الواقع. وبكل أسف نقول: هذا كل ما تستطيعه الثورة السلمية الحضارية في ظل نظام طائفي قبلي....!!

وبعد هذه المداخلة القصيرة والتي بينتُ فيها، بتواضع كليّ، بعض الحقائق والمستلزمات الضرورية لإنجاح الثورة، من حق كل لبناني أن يسأل: لبنان الثورة، إلى أين...؟؟

●

وجهة سير

يأخذُ عليّ البعضُ أنني متفائلٌ فيما أكتبُ في "وجهة السير" ويعتبرون أنني بعيدٌ عن معاناةِ الشعبِ الحقيقيةِ على أرضِ الوطن.. لهؤلاءِ الأصدقاءِ أقولُ: أعرفُ تماماً بأنَّ البلدَ قد انهارَ تحتَ أقدامِكم، والوباءَ تفشّى في أجسادِكم، والقمعَ طاولَ كراماتِكم ولم يبقَ إلا بصيصُ أملٍ يداعبُ أحلامَكم.. أيها الأخوة عذراً، إننا على طريقٍ صعب وشاق وفيه اتجاهان اثنان لا يلتقيان، فإما بصيصُ الأملِ وإما الحائطُ المسدود..

Ω

يومَ سيُعلنُ الحِدادُ على أصواتِ النشازِ، سأرتدي الحريرَ الأبيضَ وأحمِلُ المِشعلَ المضيءَ بأحلامِ طفلٍ مقبلٍ على فرحِ الحياةِ وسأمشي مبشّراً بولادةِ الجيلِ الجديد.. الجيلُ الذي انتظرْناهُ مع سقوطِ كلِّ دمعةٍ من دموعِنا وكلِّ قطرةِ دماءٍ من دمائِنا.. جيلُ الثائرين الغاضبين غيرِ الحاقدين، هؤلاء الذين أنعشَ نفوسَهم عبيرُ المحبةِ وأريجُ الورد والياسمين..

تحيةً لجيلٍ مع الفجرِ يُطِلُّ ولأجيالٍ لم تولدْ بعد..

إلى الثائرين تحية..

2019/11/20

إلى الثائرين في ساحات الشرف تحيةً..
انفضوا عنكم غبارَ القلقِ والخوف
ولا تلزموا الصمتَ بعد اليوم
بوجِهِ الدعاةِ المحرِّضين والأولياءِ المقنعين..
بل تبلَّغوا وبلِّغوا !!.
وارفعوا الراياتِ عالياً...!
فما عادَ يقبلُ بكم الوطنُ
خامدين مهزومين في شرنقةٍ حريريةٍ
تقفلُ على ذاتِها..
بل يريدُكم قوةً لو فعلتْ..
تتحوَّلُ إلى فراشة وتخرجُ إلى النور..

●

وجهة سير

يُنسبُ للجنرالِ ديغول قولُه إن أهلَ السياسةِ هم في معظمِهم "أكلةُ جبنة". إن الحالةَ هذه محقَّقة في الكيانِ اللبنانيِ الهزيلِ الذي ابتدعَه الانتدابُ الفرنسي وولى عليه سياسيين موصوفين على غرارِ أسيادِهم لاعتبارِهِ شرطاً من شروطِ الحمايةِ. تفوّقَ اللبناني على سيِّدِه فيما بعد وراحَ أبعدَ من "الجبنةِ" في وقتٍ لم يعدْ الفرنسيُ قادراً على تقديمِ الحمايةِ.. فانهارَ الكيانُ.!

وقفة الاستقلال..

2019/11/22

هل يأتي الاستقلال في مثل هذا اليوم من كل سنة ليتفقدنا ويتأكد أننا كسرنا حواجز الخوف والتردد...؟

هل ينتظر منا موقفاً في يومٍ، هو يوم الحساب الوطني الأكبر...؟

كيف نواجهه ونحن نردُّه خائباً كمثل عادتنا لأن ليس لدينا ما نقول وليس لدينا ما نعطي...!

ماذا نقدم للتاريخ ونحن نقف أمامه للمرة السادسة والسبعين...؟

هل نرددُ على مسامعه هتافاتِ الانتصار ونضال الانكسار مستقرة في نفوسنا...؟

هل نتغنى بأناشيد البطولة والصمود وبراثن الهزيمة محددة في ضمائرنا...؟

أم نهلل للحرية والسيادة وقيود اليأس والاستسلام تحفر في أعماقنا.؟

ليس بالهتافات يولد الانتصار.. ولا بالتغني يُبنى الصمود.. ولا بالتهليل ينتصر الحق.. إنه يجدر بنا الصمت حيث ينبغي الكلام..

إن انتصارنا الحقيقي هو يوم نقتلع شوك الشرور من صدورنا لنزرعها محبة ووفاء..

يوم ندرك أن لا حياة لأمة إلا في أطار سيادتها وأن سيادتها تكمن في وحدة أبنائها..

يوم ندرك أن المحبة تلد الأبطال، وأننا نخلق مجتمعنا عندما نخلق أبطالنا..

اليوم وإذ تشهد الساحات منظراً بديعاً قل نظيره،، حيث تلتقي جموع المواطنين للتعبير عن إرادتها بالحياة والإعلان عن ولادة أبطالها، نفاخر أمام التاريخ للمرة الأولى إذ تحقق حلمنا وأصبح لدينا ما نقول وما نعطي..

تلك هي وقفة الاستقلال....!!

●

Ω

أعداءُ الإنسانِ.. أعداءُ اللهِ..

لقد ألِفوا الرذيلة حتى أصبحتْ جزءاً من كيانِهم ولا تزالُ الفضيلة مشردة تقطنُ أوكارَ الفجورِ.. يردِّدونَ هتافاتِ الانتصارِ ونصالُ الانكسار تمزّق أجسادَهم..

فإذا رغب هؤلاء بما في الأرض من ذهب ومال، قد يكونُ لهم. أما رقابُ الناسِ، فلا يملِكها إلا ربُّ الناسِ..

وجهة سير

في غمرةِ العاصفة "الكورونيةِ" التي تجتاحُ العالمَ، ينزِلُ علينا خبرٌ صاعقٌ شبهُ يوميٍ برحيلَ قريبٍ أو صديقٍ، فيحُلُّ كالصَّدمةِ في داخلِنا في وقتٍ تتجاذبُنا صدماتٌ أخرى.. كالحنينِ إلى الوطنِ الذي أخذَه عنا نأيُ المسافاتِ..

صدمةٌ كبيرةٌ لكنّها الحقيقة التي تصدُمُ في أغلبِ ظروفِها. علنا نقفُ بوجهِ تمدُّدِها كي لا تترسَّخَ في أعماقِنا وكأنّها القدرُ الذي لا بدَّ منه..

حكومة الـ "هالووين"

2019/12/12

ماذا ينتظر لبنان بعد الاستشارات (الملزمة) التي لم تبدأ بعد وقد مضى شهران على استقالة حكومة الحريري...؟؟

ماذا ستحقق الثورة ـ الانتفاضة (لو صدق المنجمون) إذا كانت حكومة "مستقلة" غير سياسية ستبصر النور بعد الاستشارات التي قيل إنها ستبدأ يوم الإثنين القادم في 16 من الجاري..؟؟

وماذا ستكون ردة فعل الشارع إذا جاءت الحكومة على غير ما يشتهي المنتفضون...؟؟

أيها الأخوة والأخوات الثائرون،

إن ما يجري في كواليس السلطة، هو تلبيس أقنعة وطرابيش ليس إلا. وإن الحكومة التي ننتظر ولادتها بفارغ الصبر ستكون رهينةً لمن ألبسها وزينها وأوكل إليها المهام بحيث تطل بمظهر "التكنوقراط" محاولةً الاستخفاف بعقول الناس وتصح تسميتها بـ "حكومة الهالووين" لأن وجوه أعضائها

ستختبئ وراء الأقنعة. وإذا قدر لهذه الحكومة (بعد المخاض العسير) أن تتألف أياً كان المكلف، ستعمل كسابقاتها، على تلبية مطالب من ولاها. فبرأيي المتواضع من الأفضل التعامل مع الأصيل القادر وليس مع الوكيل القاصر، كان الله بعون لبنان..

●

Ω

يعيش اللبنانيون هذه الأيام هواجسَ النكبة التي ألمت بالوطن بعد محاولاتٍ عديدةٍ للسلطةِ قيل عنها "إنقاذية".. غير أن الفساد المستشري في المنظومة السياسية جعل من المحاولات هذه مسرحاً للسخرية والازدراء جرّاءَ الإهمالِ والتقصيرِ في الأداء الوظيفي.. الرئيس المكلف تأليف الحكومة يعلن اليوم عن ضماناتٍ دوليةٍ لمساعدتِه على التأليف.. عله يتيسَّرُ المخاضُ بتدخُّلِ "الوصاية الجديدة" على لبنان وتبصرُ الحكومة العتيدة نورَ الخلاص..

وجهة سير

إلى أطفال بلادي تحيةً.. تحيةً لعطفكم وسماحكم إذ تغطّون تخاذلنا وتسكتون عن جرائمنا. لقد كانت لنا اليد الطولى في بعثرة ألعابكم وسرقة أحلامكم.. تراجعنا عندما دعانا الوطن إلى إنقاذه ودفعناه إلى السقوط. ثم مشينا من غَيِّنا زهواً كما الأحرارُ المنتصرون.. إن سبقنا الزمان أو همَّشنا، فاعذرونا..
يا أطفال لبنان.. نعترف أمامكم بتقصيرٍ فادحٍ لا يشرحُه كلام التمنيات. فعندما تكبر المصائب في وطنٍ، تصغر الكلمات.. فسامحونا..

الثورة والثورة المضادة

2020/02/02

يشهد لبنان منذ السابع عشر من تشرين الأول 2019 أزمة خانقة نتيجة قيام "الثورة" و"الثورة المضادة" اللتين دمرتا البنى "التحتية والفوقية" في مختلف نواحي الحياة حتى بات لبنان على شفير الهاوية التي تنذرُ بالسقوط إلى العدم.

قامت الانتفاضة المطلبية بوجه السلطة السياسية معلنة بأنها ثورة سلمية دون أن تتوافر فيها مواصفات الثورة وخاصة أنه لا آلية قانونية تمكنها من تحقيق مطالبها سلمياً، وجل ما حصلت عليه هو استقالة حكومة الحريري وهذا تحصيل حاصل. وكان "الثوار" يراهنون على رضوخ السلطة للضغط الشعبي نتيجة قيامهم بالتظاهرات اليومية والتأكيد على المطالب المحقة. إلا أن السلطة لم تحرك ساكناً، بل واجهت الثورة بثورة مضادة وأجازت لنفسها استخدام وسائل ردعية غير قانونية ومنها:

ـ قمع المتظاهرين باستخدام خراطيم المياه والقنابل المسيلة للدموع.

ـ إضاعة الوقت دون القيام بمشاورات جدية لتأليف حكومة جديدة..

ـ عدم الإسراع بمعالجة الأزمة الاقتصادية والمالية الآخذة بالتدهور..

ـ الرضوخ أو التورط مع مصرف لبنان وجمعية المصارف لاستصدار قوانين "تعسفية" تسمح باحتجاز أموال المودعين.

ـ غض النظر عن الصيارفة الذين يتلاعبون بسعر صرف الليرة وتبرير فعلتهم بأن الأمر خاضعٌ للعرض والطلب.

أضف إلى كل هذا، تلك المهاترات اليومية "المتعمدة" بين أركان النظام القبلي القائم، لإلهاء الشعب وصرف نظره عن ارتكاباتهم التي لم تعد خافية على أحد.

إن الأسلوب المتّبع في لبنان لعلاج الأزمة المستفحلة في السياسة والاقتصاد والاجتماع، من قبل الطرفين، يجعل الأزمة مرشحة للاستمرار حتى إشعار آخر ولن يجديَ فيها استبدال حكومة بأخرى أو مجلس نيابي بآخر، إذ يحتاج لبنان إلى رؤية جديدة تؤسّسُ على العلم والعلمانية والإقلاع عن النظام الطائفي الذي جرّ الويلاتِ على شعبنا، في الماضي كما في الحاضر.

أما الأزمة السياسية المستمرة، فهي ناجمة عن ممارساتٍ عبثية محلية أبطالها أمراءُ الطوائفِ المتسلطون على الوطن الذين يحفرون في كل يوم شبراً على طريق هلاكه خلف ستار النظام ويدَّعون، دون خجل، الغيرة والحرصَ على كرامته وسيادته.. يقولون في كل عيب من عيوبهم إنه صنيعة الاستعمار ونقول لهم: لو لم تكونوا الأداة الطيّعة والطعم الدّسم، لما سالت عليكم لعاب الاستعمار....!

●

وجهة سير

أيتها الأرض المقدسة.. اغفري لهم إذا ما عبثتْ بهم أشباحُ الغرورِ وتجبَّروا. فما كان لينقشعَ ليلُهم لو لم ترسلي في ضمائِرهم خيوطاً من نور.. وإنهم لا يعلمون.

علّميهم أن يكونوا أحراراً يصفحون، وإنما الصفحُ للأحرار.. وافتحي لهم درب المحبة. فالمحبة طريقُ الأبرارِ إلى السماء..

وجهة سير

سألني أحدُ المتابعين من المهاجرين القُدامى قائلاً: ماذا فعلَ هؤلاءُ المتذمرين المتباكين على انهيارِ الوطن غيرَ الثرثرةِ، ولو أنّهم على حقٍ في بعضِ ما يدّعون. أجبْتهُ مقاطعاً: الزمِ الصّمتَ حينَ تعربدُ الثرثرةُ من حولِك صديقي.. ففي الصمتِ يكمنُ أبلغُ الكلام..

السلطة تعلن الحرب على مواطنيها

2020/2/20

نشر المؤرخ والأستاذ الجامعي الدكتور فارس إشتي مقالاً الأسبوع الماضي، عرض فيه للواقع اللبناني منذ بدء الحراك الشعبي في 17 تشرين الأول حتى يومنا هذا. وأبرز ما جاء فيه أن هذا الحراك، بعد مضي أربعة أشهر على قيامه وإلحاح المتظاهرين الرافضين الذين ملأوا الشوارع والساحات، لم يستطع أن يرتقي إلى انتفاضة أو ثورة ولن يستطيع بالتالي أن يحدث فرقاً أو تغييراً مهما تعددت أسماؤه. فهو لا يعدو كونه حراكاً شعبياً قاصراً على تحقيق المطالب التي يطرحها في الشارع رغم أنها مطالب محقة.

إن ما جاء في المقال يلامس الواقع تماماً كما أن العرض الدقيق والتحليل المنطقي اللذين رافقا المضمون، يطفيان على المقال سمة الجدية والمهنية. والدكتور اشتي، بأي حال، لا يحتاج إلى شهادتنا أو تعليقنا عليه سوى بالشكر والتقدير لما بذله من وقت وجهد لإنجاز المقال الذي بدا عرضاً تاريخياً: تحليلياً في بعض فقراته وتوضيحياً في البعض الآخر، لم يُدخل فيه أي تعليق (سلبي أو إيجابي). كذلك لم يشِرْ إلى ردة فعل السلطة والوسائل التي استخدمتها لقمع المتظاهرين التي لا تمت بصلة إلى "بلد الحريات

والنظام الديمقراطي الحضاري، ولبنان الرسالة، ولبنان القوي بضعفه.. إلى آخر المعزوفة".. التي أصبحت كالعفن في الطحين..

أتقدم من الصديق الدكتور اشتي بوافر الشكر لأنه فتح شهيتي على الكتابة مجدداً في هذا الموضوع بعد أن كتبت فيه عدداً من المقالات، وسأحاول هذه المرة التركيز والإشارة إلى ما لم يشِرْ إليه المقال. فبرأيي المتواضع، كان المتظاهرون ليتراجعوا عن إلحاحهم ويسمحوا بفرصة تعطى للسلطة لو أنهم لمسوا بجدية الوعود التي قُدمت إليهم لإجراء الإصلاحات المطلوبة. وكانوا لينسحبوا من الشارع لو تحقق قدرٌ بسيط من مطالبهم خلال الأربعة أشهر الماضية. لكن، مع الأسف، لقد قوبلوا بالرفض والاتهام، والتشكيك والترهيب وكأني بهم ضحايا حرب ممنهجة شنتها السلطة الحاكمة برموزها وتوابعها الأمنية والمخابراتية ومن ورائها أمراء الطوائف وأزلامهم المأجورين، ضد مواطنين عُزَّل كانوا يتظاهرون بكل ثباتٍ وإيمانٍ راسخين بأن "لا بدَّ لليل أن ينجلي"، مرددين الأناشيد الوطنية وأغاني المحبة والسلام وليس في أيديهم سوى الأعلام اللبنانية والورود البيضاء ..

هذا نموذج الديمقراطية الراقية في بلادنا: لا يستقيم الوضع فيها إلا بقهر المواطن وإذلاله. أما البدعة الجديدة التي تكاد تنفرد بها السلطة في لبنان هي في إفقار المواطن وسرقة أمواله المودعة في المصارف. ويتم ذلك بالتعامي عن قرارات البنك المركزي الفاضحة والمخالفة للقوانين وجمعية

المصارف التي تملك، بموجب القرارات التعسفية الجائرة، حق التصرف بهذه الأموال دون الرجوع إلى أصحابها، ضاربةً بعرض الحائط العقود الموقعة مع المودعين التي تحفظ (بالمبدأ) حق تصرف المودع بأمواله كيفما شاء. وقد أشار إلى هذه البدعة باستغرابٍ وتنديدٍ كبيرين عددٌ من رجال القانون ووصفوا ما يحصل بأنه "إجراءٌ غير قانوني" كي لا يقولون إنه "سرقة مقوننة". ولكن ليس هناك من يسمع أو يجيب.. فالسلطة غائبة عن السمع ومشغولة في تدبير الأفخاخ للإيقاع بالمواطنين الأحرار بدلاً من السعي لإيجاد الحلول الممكنة وتأمين أقل ما يمكن من المطالب لضبط الفوضى وعمليات الكر والفر. أضف إلى ذلك استخدام الوسائل الردعية الوحشية لقمع المتظاهرين وإرغامهم على الانسحاب، كالضرب بالعصي والقنابل المسيلة للدموع وخراطيم المياه ورمي الحجارة وغيرها من الأدوات المتوفرة.

إن المشكلة في لبنان هي أكبر من أن تواجه باللوم أو الانتقاد المباشر لأنها أبعد من حدود الأفراد أو الأحزاب أو الطوائف، ذلك أن كلاً من الأفرقاء مرهونٌ لجهة خارجية يأتمر بأمرها ويتقيد بأجندتها وينفذ قراراتها. وبالتالي فإن المسؤولية تقع على مجهولٍ متنكرٍ يقف وراءها في الخفاء..

قيل إن وراء الحراك من يدعم ويمول ويدرب وكأن في الأمر تحضيراً لانقلاب على السلطة. فقامت السلطة بأخذ الحيطة بمواجهات استباقية وعاملت المنتفضين بالقسوة والعنف بشتى الأساليب المتاحة.

وقيل إن مسؤولية التدهور الاقتصادي والمالي يقع بالدرجة الأولى على المنتفضين الذين يتظاهرون في الشوارع ويمنعون الناس من مزاولة أعمالهم المعتادة.. وقد حال هذا الحراك دون تدفق أموال المغتربين إلى لبنان كما توقفت حركة السياحة وحركة الاستيراد والتصدير وغيرها من القطاعات الحيوية التي تنعش البلاد بدورة اقتصادية طبيعية. غير أن الواقع يشير إلى غير ذلك، فالانهيار الاقتصادي كان قد بدأ قبل الانتفاضة بعدة أشهر ..

لن أوجه أصابع الاتهام إلى أحد، ولن أحمل المسؤولية لأية جهةٍ كانت. لكنني أتمنى وأتطلع إلى يومٍ تهدأ فيه خواطر جميع الأطراف اللبنانية لتعمل يداً بيد وجنباً إلى جنب من أجل ولادة لبنان الجديد المعافى من كل عورة وشائبة.. لقد آن لنا، كلبنانيين، في الحراك أم في الأحزاب أم في السلطة، أن ننزع عن وجوهنا الأقنعة التي أقامت الحواجز فيما بيننا ولنتجاوز كل القوانين وآلياتها المعيقة لاجتماعنا وتقدمنا، ولنباشر في تأسيس جديد يحفظ لنا وجهنا جميعاً بعيداً عن متناول الخارج وأخطاره. لقد حان الوقت أن يحظى لبنان بوقفة عزٍّ تحميه وتحقق سيادته على أرضه..

ـ كنت قد ذكرت في مقال بتاريخ 2019/11/03 بعنوان: "لبنان الثورة إلى أين؟": إن الانتفاضة السلمية غير قادرة على تحقيق التغيير لاعتباراتٍ عديدة أهمها عدم توافر الآلية الدستورية، وبالتالي لا يمكن الطلب إلى أهل السلطة بإجراء الإصلاح والتغيير لأنه كمن يطلب بأن يقلبوا الطاولة على رؤوسهم...؟

ـ كما أشرت في مقال بتاريخ 2020/02/02 بعنوان "الثورة والثورة المضادة" إلى أن "الثوار" كانوا يراهنون على رضوخ السلطة للضغط الشعبي نتيجة قيامهم بالتظاهرات اليومية والتأكيد على المطالب المحقة. إلا أن السلطة واجهت الثورة بثورة مضادة وأجازت لنفسها استخدام القوة ومواجهة المتظاهرين بوسائل ردعية غير قانونية..

ـ أما اليوم وفي هذا المقال بتاريخ 2020/02/20 سأضيف على ما تقدم أن السلطة تعلن الحرب على جميع الفئات الشعبية التي لا تدين بدينها بحيث تمارس عملية الإلغاء المبرمج على كل من يخالفها الرأي حتى يستقيم لها الأمر بدون منازع. كل هذا ونحن على قاب قوسين من استحقاقات مالية ضخمة قد تؤدي بنا إلى الانهيار التام ..

وماذا عن النتائج.. لست أدري ولا السلطة تدري.. سنكتفي بالقول: الله يستر....!

●

Ω

أطفالَ بلادي تمهَّلوا.. إنْ أناديكُم، فلأنني أشتاقُ إلى ما تشتاقون وأتطلَّعُ إلى ما تتطلَّعون..

إنْ أناديكُم، فلأحرِّضَكُم على جيلِ آبائِكُم وأمهاتِكُم، هذا الجيلُ الذي فاتهُ أن يثورَ ثورتكم لينَعمَ بما أنتم تحلُمون.. وإنْ كنت أعوِّلُ على قيامتِكُم، فلأنكم أملُ الوطنِ الذي غيَّبَه المنافقون المضلِّلون.. فأنتم وحدُكُم القادرون..

استغفروا "كورونا" وتوبوا إلى الله..

2020/03/25

صحيح أن زمن العجائب والغرائب قد ولّى، ولكن يبقى هناك من الغرائب ما لم يبلغه العقل البشري بعد. وإذا ما أشرنا إليه بالمعيار أو المقارنة أو حتى بالتأمل، فمن الثابت أننا لن نتوصل إلى نتيجة تحدد أصله وفصله. إنه الـ "كورونا" الذي يفرض وجوده اليوم في كل مكان ويهدد الإنسان في كل بقاع الأرض بوحشية غير مسبوقة. إنه الوباء الذي يتحدى العقل البشري ويدخل الرعب في كل مدينة وقرية وشارع ويجعل الأجهزة العلمية والطبية تتسابق لإيجاد العلاج والأساليب الناجعة لمكافحته. وكل ما توصل إليه الطب والعلم حتى الساعة، هو اعتبار هذا الوباء سريع العدوى ووجوب دعوة الناس إلى الانعزال وملازمة المنازل بالإضافة إلى تطبيقات إضافية كالابتعاد ما أمكن عن التجمعات والاحتفالات والامتناع عن مزاولة العمل وعدم الخروج من البيت إلا للضرورة القصوى.

هل للقارئ الكريم أن يتصور معي حجم الكارثة الإنسانية والاقتصادية التي يسير إليها العالم إذا ما طالت أزمة الكورونا قبل أن يُكتشف العلاج الشافي؟

ملازمة البيت، هو أمر أوجبته الحكومات في جميع دول العالم. وهذا يعني توقف جميع الموظفين والعمال عن العمل

والإنتاج وبالتالي اتجاه الأفراد والمؤسسات الحكومية والأهلية إلى صرف المدخرات من الأموال بانتظار احتواء الأزمة "الكورونية". وإذا ما طالت الأزمة فمن البديهي أن يؤدي ذلك إلى ذوبان المدَّخر، فالانهيار الاقتصادي، فالإفلاس المالي في كل القطاعات. وهذا يؤدي بالتالي، لا قدر الله، إلى كوارث إنسانية غير محدودة المعالم. وبصرف النظر عن طول مدة الأزمة أو قصرها، فإن الضرر قد تحقق فعلاً وأرخى بظلاله على كل المرافق الحيوية في بلدان العالم أجمع.

وبعيداً عن الصورة السلبية القاتمة لهذا الوباء، يبقى هناك بعض لا يحصى من التداعيات الإيجابية. فقد أقام الكورونا العدل والمساواة بين البشر، ما عجزت عنه إيديولوجيات المفكرين والقياديين المبشّرين من كل مذهب أو دين على امتداد قرونٍ من الزمن. أزيلت الحواجز بين مختلف فئات الشعب: فتساوى الكبير بالصغير والقوي بالضعيف والغني بالفقير. كما أزيل الغطاء عن الطبقية الكرتونية في هياكل الإقطاع الطائفي، والعائلي والسياسي والمالي. الكل يعيش الضجر والرعب خلف جدران بيته وكأنه خلف قضبان الحديد والكل يترقب مصيره مرتعشاً بانتظار ما سيحمله يومٌ جديد..

وفي لبنان من المفترض أن يلتزم الجميع بتوجيهات الحكومة التي أعلنت التعبئة العامة في إطار حالة الطوارئ بوجه الوباء الخبيث مستخدمةً نداءً معكوساً مفاده: "تباعدوا

عن بعضكم بعضاً، ففي تباعدكم تكمن قوتكم" بدلاً من القول: "تقاربوا من بعضكم بعضاً ففي تقاربكم وحدة وقوة". الجدير بالذكر أن مثل هذا النداء المعكوس يدخل في التخاطب للمرة الأولى، ويبدو أن مع كورونا تبدلت المفاهيم واستُحدِث نمط جديد للمقاربة في شتى المجالات..

وعلى هامش الحالة الكورونية هذه، نرى من لا يزال يقابل التوجيهات والنداءات المتكررة بشيء من الاستخفاف واللامبالاة، بتصرف غير مسؤول بحيث يعرض نفسه ومن حوله لالتقاط الوباء الآخذ بالانتشار. وأكثر من هذا إذ نرى البعض يشمت وينظر إلى بعض المصابين الذين لا يتفقون معه بالرأي، بشيئ من السخرية والكيدية وكأن الدنيا بألف خير ويجوز في مثل هذا الوقت الحرج المزاح والتحدي والاستهتار.. لقد توقف العمل السياسي في كل بلدان العالم وانصرف المسؤولون في خندق واحد، على اختلاف ميولهم ونزعاتهم، إلى إعلان حرب مدمرة بوجه عدو قاهر يهدد وجودهم وهم يعملون ليل نهار للقضاء عليه. وكأن أخباراً كهذه لم تصل إلى لبنان لتكون قدوةً لبعض مدعي الفهم و"الإبداع السياسي" الذين نخر عظامهم الجهل والتخلف. ومثل هذا الأمر الفريد، مع الأسف، لا يمكن حدوثه إلا في "بلاد الشمس"..

اليوم وقد لازم كلٌ منزله محاطاً بصفاء روحاني، يحلو التأمل والعودة إلى الذات طالما يسمح الوقت بذلك ـ وقد ربحت كورونا المعركة الأولى ـ لمراجعة أخطائنا وهفواتنا

وتصويب ما أمكن من خطواتنا بدافع المحبة والإيمان لنكون معاً في مواجهة العدو المشترك. وهكذا متى زالت المحنة، نكون على استعداد للوقوف إلى جانب أخوتنا وأخواتنا في المواطنة والإنسانية. ففي تكافلنا وتعاضدنا تكمن قوتنا لمواجهة كل المحن والأعاصير..

وفي نهاية هذه الحرب الضروس، في انتصارنا أو انهزامنا، يجب الاعتراف أن كورونا قد علمنا، على غرار المرسلين والأنبياء، درساً لن ننساه لتصويبِ دعائنا وسلوكنا فيما يخدم وحدتنا الاجتماعية والإقلاع عن الكفر الذي نمارسه على الأرض في تعاملنا اليومي. ومن أجل أن نظفر بالرضى والثواب، أقول: استغفروا كورونا وتوبوا إلى الله...!

•

وجهة سير

Ω

على حد تعبير صديق كريم، إن المهاجر العربي إلى
كندا هو أحد إثنين: طالب للعلم أم هارب من الظلم.
قد يكون الأمر كذلك، ولكن ما أراه في ممارسات
الكثيرين ممن جاءوا إلى هذا البلد يثير الدهشة
والتساؤل. إلى أي فريق ينتمي هؤلاء القابعون خلف
ستائر الظلام خوفاً من غضب الشيطان؟ فهم حتماً
ليسوا طلاب علم أو هاربين من الظلم. إنهم
العاشقون للجهل حتماً وقد فاتهم أن الشيطان يعيش
في عقولهم المتخلفة ولا يمكن القضاء عليه سوى
بالعلم والمعرفة..

وجهة سير

الوطن، على حد تعريف جان جاك روسو، هو ألا يَبلُغَ مواطنٌ من الثراءِ ما يجعلُه قادراً على شراءِ مواطنٍ آخرَ وألا يبلُغَ مواطنٌ من الفَقرِ ما يَجعَلُه مضطراً لبيعِ نفسِه.

كان يَصُحُّ هذا التعريف في الزّمنِ الذي عاشَ فيه روسّو. أما اليومَ، وفي لبنانَ تحديداً، فقدْ تغيرتْ المفاهيمُ لتشملَ مفهومَ الوطنِ الذي أصبحَ: المساحةُ التي يحتلها الحاكمُ المتسلّطُ على حسابِ الفقيرِ الضعيفِ..

ماذا بعد "كورونا"..

2020/05/05

نعيش اليوم في زمن الـ"كورونا" محنة جماعية فرضت نفسها على شعوب الأرض قاطبةً بتعابير جديدة وعادات وتدابير وقائية جديدة تتلخص بملازمة البيت وعدم الخروج إلا للضرورة القصوى مع مراعاة الإبقاء على مسافة من الآخرين سميت بإجراءات الإبعاد الاجتماعي "Social Distancing Measures" الغاية منها منع تفشي الكورونا بين المواطنين حفاظاً على أمنهم وسلامتهم لسهولة انتقال هذا الوباء بالعدوى، وقد خلق بينهم جواً من القلق والهلع. أما الإجراءات المعتمدة تبدو غير ممكنة التطبيق بالكامل لأنها تحبس الناس وتقلص من الإنتاج بجميع أنواعه وتشل حركة الاقتصاد الوطني. ومع هذا اتجهت الحكومات إلى هذه التدابير التي اعتبرتها مؤقتة بالإضافة إلى تشريعات مالية تسمح بصرف بعض التعويضات على المتضررين ظناً بأنه لا بد للوباء أن ينحسر في فترة أسابيع أو أشهر قليلة. وقد أصبح الجميع، في كل بلاد العالم، أسرى المنازل يمارسون ذات العادات في المأكل والمشرب والرياضة والإبعاد والابتعاد الاجتماعي عن كل الناس بمن فيهم الأولاد والأحفاد، ولم يعد من وسيلة للتواصل مع الأقارب

والأصدقاء وزملاء العمل سوى التلفون أو إحدى الوسائل الإلكترونية وأبرزها "الفيديو" حيث تلتقي من تريد في أي وقت تريد دون تحديد مواعيد مسبقة، لأن الجميع متواجد في المنازل قطعاً بحكم الاحتجاز القسري. وغالباً ما يكون هذا الاحتجاز القسري إرادياً يأتيه الإنسان هروباً من الموت..

لقد أدى بنا الإبعاد الاجتماعي إلى التخلي عن كثير من العادات التي ألفناها في العلاقات العائلية والاجتماعية والتي يعتبرها الجميع واجباتٍ ملزمة: كالزيارات والاستقبالات، ومراسم الموت والزواج، والحفلات والاحتفالات، وارتياد دور السينما والمسارح والمطاعم، والمدارس والجامعات إلخ.. هذه وكثير غيرها، باتت تشكل اليوم مصدر هلع وارتباك، كأسلحة الدمار الشامل، تهدد وجودنا لأنها قد تسبب الموت. ومع فكرة الموت تسقط كل العادات..

لا يتعلق الأمر بوباء "كورونا" المستجد ليدبَّ الهلع بين الناس، ذلك أن هناك أسباباً أخرى كانت توجب الإصابة بالهلع والارتباك قبل كورونا، كالاحتباس الحراري والتلوث البيئي وسباق التسلح النووي وحوادث السير والحروب التي لا تنتهي في مختلف بقاع الأرض، وبالطبع كثير غيرها.. لكن مع فيروس كورونا يختلف الأمر لأنه ينتقل بالعدوى وقد يسبب الموت. ومع فكرة الموت يصاب الإنسان بالخوف والقلق على حياته ما يؤدي به إلى الاكتئاب وهذا بدوره يتحول إلى وباء جماعي يسير بمحاذاة الوباء الأصلي القاتل.

يتجه العالم اليوم نحو إقفال جميع مراكز العمل وضبط النفس في المنازل، بانتظار ما سينتج عن دراسات وتشخيصات المختصين في علوم الأوبئة والطب والنفس. بصراحة أقول، وهذا رأيٌ شخصي، لا يمكن التفاؤل بالتخلص من وباء الكورونا إلا إذا تم اكتشاف اللقاح الذي يقضي على انتشاره، وبالتالي لا يمكن التكهّن إلى أين ستمضي الأمور وماذا ستكون النتائج التي قد تكون كارثية إذا طال الانتظار. هذا وقد فقدَ أكثر من 50 مليوناً عملهم في مختلف أرجاء العالم وتضرر الاقتصاد العالمي حتى اليوم بنسبة عالية جداً، قد تحتاج عملية الترميم إلى عقود من الزمن. فماذا لو تزايد عدد الإصابات والموتى بشكل مضطرد، هل ستتمكن الحكومات من السيطرة على الوضع الاقتصادي الآخذ بالتدهور؟

ويبقى السؤال الأكبر: ماذا لو لم يتم القضاء على الوباء أي حالة عدم استحداث لقاح على الإطلاق؟ فمن البديهي أن يستمر تفشي المرض عاماً بعد عام، وسيستمر عدد القتلى العالمي في الارتفاع.. وسيؤدي هذا الواقع إلى بلبلة إجتماعية واقتصادية من جراء القلق والخوف.

الدكتور ديفيد نابارو، أستاذ الصحة العالمية في "كلية لندن الامبراطورية" للعلوم والتكنولوجيا، "Imperial College London" والمبعوث الخاص لمنظمة الصحة العالمية، يقول: "هناك بعض الفيروسات التي ما زلنا لا نملك لقاحات ضدها. ولا يمكننا أن نفترض أن اللقاح

سيظهر بسهولة، أو إذا ظهر، سيكون حتماً فعالاً". وفي حديث لمحطة CNN الإخبارية يقول: "من الضروري للغاية أن نكون قادرين على ممارسة الحياة الاجتماعية والنشاط الاقتصادي مع انتشار الفيروس في مجتمعاتنا". وهذا يعني أن نعيش حياتنا بالتوازي مع تفشي الوباء من حولنا.. تصريح في غاية الخطورة لكنه واقعي على ما يبدو..

كما يقول العالم الاقتصادي الدكتور عاطف قبرصي، أستاذ الاقتصاد في جامعة ماك ماستر، في مقال نشر في صحيفة "Hamilton Spectator" بعنوان: "لا يمكننا الحفاظ على الحياة أو القيام بالأعمال على كوكب ميت"، يقول:

Sars, Mers, Ebola, HIV & Nipah وغيرها من الفيروسات وكلها من الطبيعة، كانت لنا تحذيرات "معتدلة". لكننا لم نتعلم منها معتقدين أن سحرنا التكنولوجي والعلمي قد أتقنها أو تعداها. فغرسنا رؤوسنا في الأرض. وها نحن اليوم نرى الأحداث تكشف عن واقعنا الجديد القاصر. من الواضح أن زيادة الضغط على المحيط الحيوي سيؤدي إلى المزيد من المفاجآت السلبية، وهذا يعني أن بقاءنا يعتمد على إبقاء تطلعاتنا في الاستهلاك والإنتاج في حدود الكوكب. إننا بحاجة لنتعلم كيف نعيش كجزء من هذه الطبيعة، وليس كعدو لها.. لدينا القدرة كما أن لدينا البيانات والأدوات المتاحة لكننا نفتقر إلى القرار السياسي والاقتصادي لاستخدامها وتطبيقها. نأمل بلوغ ذلك قبل فوات الأوان".

هذا ولا يزال لدى معظم الخبراء حول العالم ملء الثقة من أنه سيتم تطوير لقاح فيروس كورونا بشكل جزئي إن لم

يكن كلياً.. يستسلم البعض للقدر والتسليم بإرادة الله دون عناء التفكير بما سيحمله الغد. بينما يعتقد البعض الآخر أنه لا بد من السيطرة على الوباء ولو بعد حين لأنه يعمل الخبراء ليل نهار لإيجاد اللقاح اللازم. لا بد من الانتظار إذن ولكن.. كيف سيبدو واقعنا بعد كورونا إذا بقينا على قيد الحياة؟ هل سنتخلى عن عاداتنا كلياً أم جزئياً؟ هل ستعود القيم والمبادئ التي حملناها عقوداً من الزمن لتحتل مكانها في رؤوسنا؟ هل سننفتح على العالم لمواجهة الاحتمالات المستقبلية معاً أم إننا سندير الظهر ونزيد في الانقسامات واللامبالاة؟ هذه وأسئلة كثيرة أخرى تحتاج إلى أجوبة لكن طرحها الآن يبدو سابقاً لأوانه وما علينا سوى الانتظار...!!

●

Ω

وتسألني عن بلدِ المنشأ؟ فأجيبُ: لبنان. وبهزةِ الرأسِ العفويةِ أفهم أنها لم تسمع بهذا الاسم ولو عرضاً.. فأعيدُ على مسمعِها الاسم وبشيءٍ من الإيحاءِ إلى بلدِ الإشعاع والنور..

لم تقرأ التاريخَ القديمَ ربما، سأوافيها بالجديدِ. قلتُ أنا من بلدِ البلاءِ والغلاءِ وتهريبِ العملاءِ.. هلا عرفتِه سيدتي.؟ فتنكمشُ على ذاتِها وتهزُّ الرأسَ بالإيجابِ مع ابتسامةٍ خجولةٍ.. مراعاةً لشعوري ربَّما.!!

إلى أخي المواطن..

2020/07/20

قامت الدنيا ولم تهدأ بعد إعلان البطريرك الراعي دعوته إلى "حياد" لبنان والنأي بالنفس عن صراعات المنطقة، وقد اعتبر في حديث لجريدة "فاتيكان نيوز" أن "لا حلّ للأزمة المتفاقمة إلا بإخراج لبنان من الأحلاف السياسية والعسكرية بحيث يصبح دولة حيادية فاعلة ومفيدة من أجل السلام والاستقرار".

ترى إحدى الجهات المؤيدة لدعوة البطريرك أن الحياد يحرر القرار اللبناني من الحصار ويساعده على تنفيذ قرارات الشرعية الدولية، وتعتبر أن الأزمات التي يمر بها لبنان جاءت نتيجة توجهات سياسية، "أفضت إلى وضع الدولة بكل مؤسساتها في أسر محورٍ إقليمي "يجاهر بمخاصمة العرب والشرعية الدولية ويسد منافذ التعافي الطبيعية أمام لبنان".

كذلك ترى هذه الجهة في دعوة الحياد، المدخل الرئيسي للعودة بلبنان إلى طبيعته التأسيسية عام 1920، بوصفه كيانا للعيش المشترك ورسالةً إلى محيطه والعالم، ثم تثبيت هذا التأسيس بالميثاق الوطني عام 1943، وصولاً إلى دستوره المنبثق من وثيقة الوفاق الوطني في الطائف عام 1989. ويقول غبطة البطريرك حول الآلية التي يجب

اتباعها من أجل تحقيق الحياد الإيجابي: "نستمرّ في بحث هذا الموضوع مع القيادات اللبنانية ثم مع سفراء الدول حتى يصل الى الأمم المتحدة. ونحن نعوّل على دور الكرسي الرسولي الفاعل في هذا الموضوع".

أما الجهات المعارضة لدعوة "الحياد"، فقد أجمعت على أنه لا يمكن للبنان أن يعزل نفسه عن محيطه الإقليمي ليتمسك بخيارات تطرحها إرادات خارجية وتقبل بها فئة واحدة من اللبنانيين دون الفئات الأخرى، وترى أن مثل هذه الدعوات، تعمق الهوة بين اللبنانيين وتشد العصب الطائفي وتعيد أجواء التقسيم والانقسامات الداخلية بالحد الأدنى إن لم تؤدي إلى حرب أهلية.. يضاف إلى هذا أن تطبيق الحياد يتطلب توافقاً لبنانياً وقبولاً إقليميّاً وهو أمر غير قابل للتحقق حالياً في ظل غياب التفاهم الوطني الجامع وسيطرة المحاصصات والمناكفات الطائفية على الأولويات الاستراتيجيّة...؟

قبل الدخول في مناقشة المواقف المتباينة المطروحة، من المفيد مراجعة كل كلمة نطلقها في توصيفنا وتعليقاتنا بحيث تفي بالغرض دون أن تمس بشعور أو كرامة أحد من الناس. وفيما يعنيني شخصياً يهمني أن أتوقف لأقول: إنني أحرص على حرية التعبير التي تصونها الأعراف والقوانين والآداب العامة إذ لكل منا الحق في قول ما يشاء شرط عدم التجريح والإساءة للآخر الذي لا يوافقنا الرأي. فإن أردنا أن تُسمع كلمتنا، علينا أن نحترم من يسمعنا ويستمع إلينا. وهنا أريد أن أعلق على ما سمعنا وقرأنا من قبل بعض المعارضين

لطرح البطريرك الذين سمحوا لأنفسهم باستخدام ما يلزم وما لا يلزم من الكلام الجارح والعبارات النابية لأقول: من حقكم إبداء الرأي إذا كان لديكم رأي آخر مغاير أما مثل الأسلوب الذي اتبعتموه لن يخدمكم بشيء إلا إذا كان القصد إشعال فتيل العصبيات الطائفية وجر البلاد إلى ما لا يرغب به أحد. في هذه الوقفة أرى بأن ننظر إلى مشروع وطني كبير بحيث نوفر له الظروف الملائمة لنعيد اللحمة بين أبناء الوطن.. وهنا لا بد من التساؤل:

هل يمكن للبنان أن ينهض من كبوته ويستعيد أمنه واستقراره ودوره بدون وحدة أبنائه...؟

هل يمكن قيام مثل هذه الوحدة بدون العدل والمساواة وتثبيت قواعد الحرية والديمقراطية...؟

وهل يمكن تحقيق العدل والمساواة في ظل النظام السياسي اللبناني القائم على التركيبة الطائفية، وقد ثبت فشله، والذي يشكل السبب الرئيسي لتدهور لبنان وتفكك وحدة أبنائه على مر العصور..

صاحب الغبطة،

أصحاب السماحة والسيادة والسعادة في كل جهة وموقع،

أخي المواطن،

إن مشكلة الطائفية في لبنان ليست بالأمر الجديد وتعود إلى أكثر من خمسمائة سنة إذ تتصل جذورها بفترة قيام الدولة العثمانية وهيمنتها على كامل المشرق العربي مروراً بالانتدابين البريطاني والفرنسي ودولة الاستقلال. وكان

المستعمر، في كل عهد، يستخدم ذات الوسيلة في تحريك العصبيات الطائفية وإثارة الأحقاد الدفينة بين الطوائف لإحكام السيطرة على البلاد. ومثله فعل الحكم الإقطاعي الذي أوجده المستعمر حيث حصلت فئة قليلة، من مختلف الطوائف، على امتيازات كبيرة على حساب الغالبية العظمى من اللبنانيين. وقامت دولة لبنان الكبير يحكمها الإقطاع وأصبحت هذه الدولة فيما بعد جمهورية.

وفي هذا المجال يقول المؤرخ يوسف ابراهيم يزبك: "وهذه الجمهورية هي ذات الجمهورية التي جعلها الميثاق الوطني دولة الاستقلال ولم تكن في الواقع إلا امتداداً للحكم الاقطاعي فالحكم الاستعماري".

وهكذا ظلّ لبنان، حتى أيامنا هذه، يحكمه الإقطاع الذي يشكل في النهاية الأداة المحلية للمستعمر. وليس الميثاق الوطني، الذي سبق استقلال لبنان عام 1943 ونتغنى به في كل مناسبة، سوى الالتفاف الممنهج على شعب لبنان الذي يسمح لرجال الإقطاع بقسمة المغانم وإحكام السيطرة على الامتيازات في طول البلاد وعرضها.

ويقولون إن الحروب الطائفية في لبنان، على مر الأزمان، هي من صنع الأجنبي أو المستعمر وإن الحرب الأهلية الأخيرة التي دامت ما يزيد على العشرين عاماً هي حرب الآخرين على أرض لبنان.. وإن في هذا القول كثيراً من السذاجة والسخافة أو إنه محاولة يائسة للهروب من مواجهة الواقع. فإن سلمنا جدلاً بهذا التوصيف، غير أن الحرب قد نفذت على أيدٍ محض لبنانية. فكيف نرضى بأن نكون الأداة

الطيّعة المنفذة لإرادة الآخرين...؟ إن قولاً كهذا هو أخطر بكثير مما لو اعترفنا صراحة بما اقترفت أيدينا بحق لبنان وتلونا بعده فعل الندامة..

لقد بات مؤكداً لجميع اللبنانيين أن الاستمرار والاستقرار غير ممكنين إلا بنسف التركيبة القديمة واستبدالها بما يتلاءم مع تطورات العصر والقواعد المعترف بها دولياً لحقوق الانسان.. فالخطوة الأولى نحو الإصلاح تبدأ من هنا.

ومن المؤكد أيضاً أن لبنان لا يحكم إلا بالتوازن والعدل بين مواطنيه (وليس بين طوائفه) وأي إخلال بهذه المعادلة يعيدنا إلى نقطة الصفر وهذا يعني التقهقر والرجوع إلى الوراء.

إن معركة تحرير لبنان (ما لم يتم تحريره بعد) لا تقل أهمية ودقة عن عملية تحرير النفس من شوائب الأنانية والجهل والاستعلاء. ومن هنا كان علينا أن نسير في عمليتين للتحرير متوازيتين: تحرير الانسان وتحرير الأرض والعملية الأولى هي ضرورية لتحقيق الثانية.

ففي تحرير الانسان وانطلاقاً بأن التعايش المسيحي المسلم أمر حتمي بحيث تقوم الدولة القادرة على حماية الطوائف وليس العكس، يجب أن نتنبّه إلى النقاط الأساسية التالية:

أولاً: إطلاع المسيحيين على قواعد الدين الاسلامي لأنهم يجهلونه وإذا عرفوا عنه شيئاً فقد غابت عنهم أشياء. وكذلك إطلاع المسلمين على جوهر الدين المسيحي. وهكذا بدلاً من

أن يتساوى المسلمون والمسيحيون في جهل بعضهم بعضاً دينياً وتاريخياً، يتساوون في المعرفة والانفتاح واحترام البعض لمعتقد الآخر..

ثانياً: إعادة كتابة التاريخ اللبناني بعيداً عن السموم وإثارة الحساسيات الدينية والمناطقية والاقليمية وتعريف الأجيال الطالعة بتاريخ وإنتاج المتفوقين اللبنانيين الذين أغنوا الحضارة الانسانية بعلومهم وفلسفاتهم واختراعاتهم، لتكون حافزاً لهم على العطاء والإبداع.

ثالثاً: فصل الدين عن الدولة أي التخلي عن الطائفية السياسية أو السياسة الطوائفية وإطلاق الحريات الديمقراطية وإشاعة العدل والمساواة بين المواطنين واعتماد الكفاءات في جميع فئات الوظيفة العامة. وهنا لا بد من طمأنة رجال الدين والإكليروس بأن الدولة المدنية العلمانية هي وحدها القادرة على حماية جميع الطوائف والمذاهب.

أما في تحرير الأرض، فقد تسهل العملية في ظل تربية وطنية واحدة تعزز الانتماء الوطني والوحدة بين اللبنانيين وتجعلهم يدركون المصير الواحد فلا يترددون في تلبية الواجب. وفي هذه العملية أيضاً نقاط أساسية لا بد من الإشارة إليها:

أولاً: التعاطي مع تطورات المنطقة بصفة الشريك المعني بالمستجدات الأمنية والاقتصادية والاجتماعية وخاصة أننا

نواجه عدواً مشتركاً متربصاً بحقنا وأرضنا ولم تنته حربنا معه بعد. أما النأي بالنفس كما يريده البعض، هو أمر غير ممكن على أرض الواقع إذ من غير المعقول أن يعزل لبنان نفسه متخلياً عن دوره وتفاعله مع محيطه القومي فضلاً عن كونه عاجزاً في تركيبته الاجتماعية ومحدودية موارده الطبيعية التي من المفترض أن تشكل العمود الفقري لحياته الاقتصادية. وليست مطالبة "النأي بالنفس" سوى محاولة مضللة لا يتعدى كونها تعبيراً شعبوياً يرضي البعض ويغضب الآخرين.

ثانياً: استخدام الصبر والحكمة في القرارات المصيرية وعدم السماح بالحملات الكلامية والاعلامية الناجمة عن الانفعالات والتشنجات لأن مثل هذه الأساليب تشجّع أبناءنا على الرحيل. فالسماح لهجرة المهارات الوطنية ورؤوس الأموال هو مساهمة مباشرة في تصفية الوطن.

ثالثاً: مواجهة العدو باستخدام شتى أنواع الأساليب المتاحة كالتوعية المدنية والسياسية في الداخل وتوظيف الجهود الدبلوماسية في الخارج وإنتاج إعلام موحد الأهداف والرؤية وهذا حق شرعي تقرّه جميع الأعراف الدولية. وحدها الإرادة الشعبية قادرة على تسيير الأساليب الثلاثة هذه لمواجهة العدو بخطوط متوازية.

وعلى هامش الأزمة اللبنانية التي تتعقد يوماً بعد يوم، لا بد من إلقاء نظرة سريعة على واقع الكيان اللبناني الذي اقتطع بالأصل لصالح المسيحيين وأعلن عنه عام 1920.

كانت بريطانيا وفرنسا تسيطران على البلاد السورية أو منطقة الهلال الخصيب التي خرجت بتقسيمات سايكس بيكو في العام 1916. فالقسم الجنوبي منها ويضم فلسطين والأردن والعراق كان بوصاية بريطانية وقد سمح البريطانيون عام 1948 ليهود العالم بالهجرة إلى فلسطين، كما هو معلوم، تطبيقاً لوعد بلفور. أما القسم الشمالي فكان بوصاية فرنسية ويضم سوريا ولبنان وسهول كيليكيا التي تتألف من ألوية الاسكندرون وأنطاكية وأضنه ومرسين. وكانت هذه مساحة كبيرة نسبيًا يصعب على الاحتلال إدارتها خاصة في ظل الثورات السورية المتكررة، فعمد الفرنسيون إلى تمزيق وحدة هذا الوطن بحيث يكون للمسيحيين الموارنة المرتبطين بفرنسا دينيًا وثقافيًا منذ فترة طويلة، دولة خاصة بهم وعلى ولاء كامل لفرنسا، فجاء التقسيم كما يلي:

1- دولة لبنان الكبير وتضم إلى جانب متصرفية جبل لبنان، سهل البقاع وطرابلس وصيدا وبيروت وجبل لبنان.

2- لواء الاسكندرون وملحقاته، يعطى لتركيا (وهذا برأينا نوع من التواطؤ أو التسوية الحبية بين الفرنسيين والأتراك مقابل انسحاب فلول الجيش العثماني من أرض المعارك تأكيداً لانتصار فرنسا وانكلترا في الحرب العالمية الأولى).

3- وما تبقى يشكل دولة سوريا (بلاد الشام)، بحدودها المعروفة حالياً، مع إعادة تقسيم ولاياتها لتصبح أربع: حلب وجبل الدروز وجبل العلويين (النصيريين) ودمشق.

وقد ظلت دولة لبنان الكبير خاضعة للانتداب الفرنسي حتى نالت استقلالها أو "أعطيت" الاستقلال بعد الحرب العالمية الثانية.

كان المسيحيون (والموارنة بشكل خاص) سنة 1920 عند إعلان دولة لبنان الكبير، في ذروة نهضتهم ووحدتهم وكانوا يتوقون بعد مئات السنين من حكم المماليك والعثمانيين إلى أن يكون لهم كيان مستقل، فتمّ اعطاؤهم لبنان الكبير حيث نالوا فيه المراكز والسلطة والامتيازات بالرغم من وجود طوائف إسلامية ومسيحية (ستشكل فيما بعد تنافساً شرساً على السلطة بوجه المارونية السياسية). غير أن هذا الكيان كان مسرحاً للاضطرابات الأمنية والسياسية اتخذت في معظمها الطابع الطائفي، من الانقلاب الأبيض على الرئيس بشارة الخوري عام 1952، إلى الثورة المسلحة ضد عهد الرئيس كميل شمعون عام 1958، إلى الاضطرابات مع الفلسطينيين عامي 1969 و1973، ثم الحرب الأهلية اللبنانية عام 1975 التي دامت أكثر من خمسة عشر عاماً لتنتهي في اجتماع الطائف عام 1989.

وخلال هذه المراحل جميعها من تاريخ الكيان اللبناني، ظلت أصابع الانتداب الفرنسي ممتدة إلى داخل لبنان وممسكة بفتيل الفتنة لإشعاله عندما تدعو الحاجة، كما أن بعض القوى المتطرفة من الميليشيات المسيحية تورطت في تعاملها مع إسرائيل، مما سهل على القوات الإسرائيلية اجتياح جنوب لبنان في العام 1978 واحتلاله عام 1982. وكان بنتيجة الرهان الخاطئ لهذه الميليشيات (باعتراف

القادة المسيحيين أنفسهم) أن خسرت المارونية السياسية جزءاً كبيراً من امتيازاتها في تسوية اتفاق الطائف لمصلحة السنية السياسية الممثلة برئاسة مجلس الوزراء، وهي تعمل اليوم من ضمن تحالفات سياسية، لحفظ المشاركة في الحكم على أساس المناصفة بين المسلمين والمسيحيين فيما يعلن البعض عن نضال مسيحي (وتحديداً ماروني) مستمر بوجه الطوائف الأخرى لاستعادة الامتيازات التي انتزعتها منهم اتفاقية الطائف. حتى أنه يذهب البعض المتطرف إلى القول إن اتفاقية الطائف كانت مؤامرة مدبرة ضد المسيحيين دون تقديم أي دليل على ذلك، وهذا أمر مستبعد بالطبع لأن المسيحيين كانوا هناك ووقعوا على الاتفاقية.

لم يكن قيام وتثبيت الكيان اللبناني بالسهولة التي يظنها البعض، لا بل كان ولا يزال محل تجاذبات واعتراضات قاسية لأسباب دينية وأخرى عقائدية أو سياسية. وبالمقابل كانت فرنسا من أشد المتحمسين إلى قيام الكيان لسببين أساسيين:

الأول: الوصاية على لبنان لاعتباره كياناً مارونياً متصلاً بالإرادة الفرنسية إسوةً بالكيان اليهودي في فلسطين المتصل بالإرادة البريطانية بنتيجة وعد بلفور. وقد كان المسيحيون يتوقون، كما مر معنا، بعد مئات السنين من حكم المماليك والعثمانيين إلى أن يكون لهم كيان مستقل. فوجدوا الفرصة الملائمة لتحقيق أمنيتهم عند سقوط الامبراطورية العثمانية بنتيجة الحرب العالمية الأولى، حيث تقاسم الشريكان

البريطاني والفرنسي التركة العثمانية وأحكمت فرنسا السيطرة على القسم الشمالي من البلاد. في ذلك الوقت كانت متصرفية جبل لبنان مقاطعة عثمانية مستقلة. فقام الفرنسيون بضم عدد من المدن الساحلية بالإضافة إلى جبل عامل وسهل البقاع والسهول الشمالية لتتوسع المتصرفية وتصبح ما أطلق عليه الجنرال غورو "دولة لبنان الكبير". تم هذا عام 1920 بعد إعادة ترسيم الحدود والإعلان عن انتداب فرنسا للكيان الجديد الذي ثُبّت لاحقًا بقرارات عصبة الأمم الصادرة عام 1920 والتي أجازت نظام الانتداب على المناطق العثمانية المتفككة بحجة المساعدة في إنشاء مؤسسات للدول المستحدثة.

الثاني: التوازن في المنطقة والمقصود هنا التوازن الطائفي وكان مسلمو دولة لبنان الكبير قد رفضوا في أكثريتهم الكيان الوطني اللبناني عند نشوئه لثلاثة أسباب هي:

1 - واقع الكيان الجديد الذي جعل منهم أقلية بعد أن كانوا جزءاً من الأكثرية الحاكمة في العهد العثماني.

2 - رغبتهم في الانضمام إلى دولة عربية مسلمة كبرى بعد انسلاخهم عن الدولة العثمانية.

3 - رفضهم المبدئي للانتداب الفرنسي لكونه حكم دولة غربية أجنبية.

ولم يبلغ هذا النزاع نهايته إلا بعد تثبيت صيغة التوافق التي أوجدها الرئيسان بشارة الخوري ورياض الصلح عام 1943 وعرفت بالميثاق الوطني الذي قام على المعادلة

التالية: من أجل بلوغ الاستقلال، على المسيحيين أن يتنازلوا عن مطلب حماية فرنسا لهم وأن يتنازل المسلمون عن طلب الانضمام إلى الداخل السوري. وهكذا وافقت فرنسا على إعلان استقلال لبنان بتاريخ 22 /1943/11.

أردنا من خلال هذه النبذة السريعة، أن يلاحظ جميع اللبنانيين الهزالة والاستخفاف اللذين رافقا الإعلان عن دولة لبنان الكبير وأنه من الجدية بمكان أن يعاد النظر في تركيبة لبنان من أجل تصحيح ما أفسده واستغله الاستعمار الغربي. فإذا كانت العصبيات الطائفية هي التي حتمت ورافقت مثل هذه الحلول الاعتباطية فيما مضى، فليس ما يعوقنا اليوم لبناء دولة عصرية تقوم على القوانين والمؤسسات العامة خصوصاً أن التجربة الراهنة قد ثبت فشلها.
فهل يتحقق الظن وتبدأ ورشة البناء الحديث...؟

●

وجهة سير

احتفلت المنظومة الحاكمة في لبنان، بالذكرى الثامنة والسبعين على استقلاله وكأن الدنيا بألف خير.. همهم الاستعراض العسكري والوجاهة وشرب الأنخاب. فأقاموا الاحتفالات برفع العلم اللبناني على سطح مؤسسات رسمية للدلالة على رقيهم الحضاري، وقد فاتهم أنها ذكرى الارتهان والخضوع. الحقيقة أن كذبة "الميثاق الوطني"، هي التي أدت ليس (إلى) استقلال لبنان وإنما إلى استقلال المتسلطين العاملين على خراب لبنان..

وجهة سير

سيأتي اليوم لا محالة لتدرك أنه مهما بلغ حجم أموالك، لن يكون بحجم أحلامك التي انتظرتها طويلاً..

الضمانة لحماية الطوائف..

2020/08/19

يعيش المواطن في لبنان اليوم واقعاً خطيراً مضللاً إذ تجاوزت الأزمة كل الأعراف والتقاليد وأثيرت جملة من المواضيع التي اعتبرت العثرة على طريق الحل، تضاف إليها النكبة التي حلت بالعاصمة بيروت من قتل وتدمير وخراب، وكأنه لم يكفِ لبنان ما أصابه من أزمات أمنية واقتصادية وحروب أهلية حتى يتعرض اليوم لهذا الزلزال الوحشي الذي قضى على كل المعالم الحضارية في بيروت أو كاد.

من الملاحظ أنه منذ مطلع العام 2013، يعمل أهل السياسية في ممارسات كيدية على إثارة الأحقاد والنعرات الطائفية في جميع المجالات ويقطعون الطريق على المطالبين بالدولة العلمانية والتشريعات المدنية. وما يحصل بين الأطراف المتنازعة هو النموذج الحي لكيفية التعاطي غير المسؤول "للمسؤولين" عن قضايا الوطن المصيرية، إذ يدّعي كل منهم تفوقه في اقتراح مشروع القانون الذي يضمن "التمثيل الطائفي" خير تمثيل. وهكذا يتسابق الأفرقاء السياسيون في لبنان، بوقاحة وجرأة غير مسبوقتين، إلى إعلان ولائهم للطائفة وليس للوطن..

قيل أن اتفاق الطائف قد خص الطائفة السنية ببعض الامتيازات والصلاحيات من جراء توسيع مهام رئاسة الوزراء على حساب صلاحيات رئيس الجمهورية، بعد أن كانت الطائفة المارونية مستأثرة بامتيازات الجمهورية بموجب ميثاق 1943. إلا أن القيادات السنّية اكتشفت، بعد تجارب السنوات الأخيرة، أنه لا يمكنها الانفراد بالقرار دون الشريك المسيحي، وهذا يعني الاستمرار في السعي إلى الحكم، ولكن بموجب "ميثاق جديد" إذ لم يعد بالإمكان تعويل الطائفة السنية على الدعم العربي بعد اليوم حيث الامتداد السني، وفي البلاد العربية ما يكفيها من البلبلة وعدم الاستقرار من جراء تبدد "الربيع العربي" وانتشاره في كل مكان. وهذا ينطبق على المسيحيين كذلك حيث تخلى الغرب عن مدهم بالحماية كما في السابق، وقد كانوا بالنسبة إليه، النافذة للتدخل بالشؤون العربية عندما كانت الأبواب العربية موصدة أمامه. أما بعدما انفتح العرب على العالم الغربي وارتموا في أحضانه، لم يعد الغرب بحاجة إليهم.. وقد تمت الاستعاضة عن الدولة المسيحية في لبنان بالدولة المسيحية المستحدثة والأكثر نفعا اليوم في جنوب السودان.

يبدو أن الفريقين في لبنان، الموارنة والسنة تحديداً، قد استوعبا هذه الحقيقة ويعملان على حفظ التمثيل الطائفي من باب الاتكال على النفس وليس على "الوصي الغربي" أو "الولي العربي". وليس لهما من سلاح سوى تحريك النعرات الطائفية لضمان عودتهما إلى مواقع الحكم.. ولكن يبدو أنه غاب عن بال الفريقين بأنهما ليسا اللاعبين

الوحيدين في الميدان، فهناك الفريق الشيعي الذي لم يلعب دوره بعد لا في جمهورية ميثاق 1943 ولا في جمهورية ميثاق 1989 (الطائف)، وقد أعد العدة لكي يكون في صدارة الحلبة هذه المرة وليس في دائرة المتفرج. وإن كان لم يعلن هذا الفريق، عن اقتراح تشريعي لقانون الانتخاب كما يفعل الآخرون، إلا أنه يورد تعليقات حول ما يصدر من اقتراحات على لسان بعض المسؤولين البارزين، فمن يمكنه التوقع ماذا يُعدُّ وراء الكواليس...؟

يبدو وكأن ما يحدث من جراء السجالات و"الاجتهادات" حول قانون الانتخابات، هو إخراج متقن لسيناريو طائفي موضوع مسبقاً غايته مصادرة حقوق المواطن وجره إلى حظيرة المذهب الذي ينتمي إليه تهيئاً لاستحقاق الانتخابات النيابية القادمة (إذا ما حصلت)، وكأني بسحابة شؤم تلوح في الأفق من جراء الاستهتار الذي تواجه به قضايا الوطن المصيرية من حيث يدري المعنيون أو لا يدرون..

بقي أن نعوِّلَ على شباب لبنان المدني الذين ينتفضون اليوم لإسقاط النظام الطائفي وتلك هي الخطوة الواثقة لإحداث التغيير المنشود وبناء الوطن المؤهل لحماية مواطنيه.. فليطمئن أصحاب الهواجس من مختلف الطوائف ولتهدأ قلوبهم، لأن إسقاط النظام الطائفي في لبنان واستبداله بنظام مدني علماني، لا يلغي دور الطوائف الإرشادي والخدماتي، بل هو الضمانة الوحيدة لحماية جميع الطوائف والمذاهب..

●

وجهة سير ←

Ω

إن أنت سلكت خيوط النور
طريقاً حتى النهاية،
فهنيئاً لك..
لأنك لا بد ستبلغ المصدر والمنتهى
حيث نبع النور والمحبة.

سقوط الجمهورية في مئويتها الأولى..

2020/09/08

لا شك أن المبادرة التي قام بها الرئيس الفرنسي من أجل لبنان خلال الشهر الماضي (آب 2020)، تستوجب التوقف والتمعن لقراءة دوافعها ومضامينها.. ونرى في بادئ الأمر أن نطلق عليها تسمية "المبادرة الفرنسية" بدلاً من المبادرة "الماكرونية" إذ لم يأتِها ماكرون بإرادته المنفردة وإنما حتماً بقرار حكومي فرنسي جاء بعد طول مخاض.

وقبل الدخول بالتفصيل وتجنباً لترداد ما قيل ويقال في تحليلات من هنا وهناك حول هذه المبادرة، نستعرض شريط الأحداث الأبرز التي سبقت ورافقت تلك المبادرة:

على الصعيد المحلي:

ـ الحكومة اللبنانية تفشل أمام تحديات المرحلة إدارياً وسياسياً واقتصادياً وخاصة في عدم قدرتها على إجراء الإصلاحات التي اشترطها بنك النقد الدولي وقد كانت تعول على هذا الأخير لمعالجة الوضع المالي والاقتصادي.

ـ استقالة مجموعة من النواب على أثر انفجار المرفأ الذي ترك وراءه، بالإضافة إلى الضحايا والجرحى والأبنية المدمَّرة، جملة من الاستنكارات والتساؤلات خاصة فيما يتعلق بالمسؤولية الجنائية حول مثل هذا التفجير.

101

- وصول مساعد وزير الخارجية الأميركية لشؤون الشرق الأوسط دايفيد شنكر إلى بيروت بعد ساعات قليلة على مغادرة ماكرون ليؤكد الدعم الأميركي للمبادرة وإخلاء الساحة للتحرك الفرنسي، لا سيما أن شينكر لم يلتقِ أياً من الرؤساء الثلاثة، بل عقد سلسلة لقاءات مع قوى من المجتمع المدني. وقد أعلن صباح اليوم، الثلاثاء في الثامن من أيلول 2020، بأن المحادثات التي تجري بوساطة واشنطن تحرز تقدماً ملحوظاً وسيتم في الأسابيع المقبلة توقيع الاتفاق الذي سيعطي لبنان وإسرائيل فرصة المحادثات المباشرة لحل النزاع حول ترسيم الحدود البحرية.

على الصعيد الإقليمي والدولي:

- تصريح لوزير الخارجية الأميركية مايك بومبيو يقول فيه: التعاطي الفرنسي مع لبنان يجري على أعلى مستوى والولايات المتحدة على تواصل مستمر مع فرنسا وتشارك الرئيس ماكرون الأهداف ذاتها.

- تصريح للرئيس الأميركي دونالد ترامب مفاده: إننا نعمل على دعم لبنان ليستعيد دوره في المنطقة كما أننا سنكون إلى جانب فرنسا في تقديم المساعدات اللازمة.

- الإعلان عن قيام اتفاق التطبيع الإماراتي الإسرائيلي بتاريخ 13 آب 2020. وقد أعلن عنه الرئيس ترامب على أنه العراب لهذا الإنجاز "العظيم". ففي هذه الأجواء التي تحمل مشاريع متغيراتٍ جذرية إلى منطقة الشرق الأوسط، جاءت المبادرة الفرنسية لتطرح علامات استفهام كبيرة.

أولاً: لماذا تقوم فرنسا بمثل هذه المبادرة منفردة في الوقت الذي يزدحم البحر المتوسط بالسفن الحربية المتعددة الجنسيات...؟ هل تجاوزت فرنسا سائر الجنسيات لتتصدر الدور أم جاءت تلك لدعم الدور الفرنسي؟

ثانياً: من الواضح أنه أوكل للرئيس الفرنسي أمر المهمة، بتوقيع على بياض، ليكون في الواجهة بالاستناد إلى قراءة تاريخية معمقة للعلاقات الفرنسية اللبنانية وخاصة أن الزيارة تصادف في الأول من أيلول 2020 تاريخ المئوية الأولى لقيام دولة لبنان الكبير حيث يعود الفضل فيه للدولة الفرنسية. وهذا هو أقرب الظن وإلا كيف نفسر تصدر فرنسا لمعالجة الوضع اللبناني ومن ورائها الولايات المتحدة وربما دول أخرى ليست في العلن.

ثالثاً: اعتمد ماكرون أساليب مختلفة في طرح مبادرته لإقناع اللبنانيين:

ـ الأسلوب المنطقي، عندما أكد للبطريك الراعي أن الحياد غير ممكن في بلد منقسم عامودياً ذلك أن الحياد يلزمه توافق داخلي وهو أمر غير متوفر في الوقت الراهن.

ـ الأسلوب القانوني، عندما أجاب المجتمع المدني والقوى المنتفضة قائلاً: لا يمكن التعويل على انتخابات مبكرة ذلك أن الدعوة إلى الانتخابات تأتي من مجلس النواب. فهل تنتظرون من مجلس يحل نفسه ليجري انتخابات جديدة...؟

ـ الأسلوب السياسي، عندما طلب من أعضاء كتلة "حزب الله" العمل من أجل لبنان لما فيه خير "أولادكم وأحفادكم" بالإضافة إلى تأكيده على ديمقراطية تمثيلهم النيابي.

ـ الأسلوب العاطفي، عندما عيَّن في برنامج الزيارة أن يكون اللقاء بالسيدة فيروز أولاً ولقاؤه بالسيدة ماجدة الرومي آخراً. وقد عمد من خلال هذين اللقاءين إلى كسب عاطفة اللبنانيين وفيه ما يدعم موقفه ومبادرته. وبالمناسبة يهمني أن أورد الملاحظة التالية: لا شك أن السيدة فيروز صاحبة القامة الكبيرة والغنية عن كل تعريف وتكريم، لم يشرِّفها الوسام الفرنسي بالقدر الذي شرَّف الوسامَ نفسَه قبولُها له.

ثالثاً: إن منطق التهديد والوعيد الذي جاء فيه ماكرون يؤكد جدية الموقف والدعم الدولي للتحرك الفرنسي خاصة عندما أعطى السلطة اللبنانية مهلة ثلاثة أشهر لتنفيذ الإصلاحات ومن ثم الحصول على أموال "سيدر" وإلا سينزل برموز هذه السلطة أشد العقوبات. وهنا يكمن السر الكبير..! فماذا عساها تكون تلك العقوبات..؟

بتقديري الشخصي، لا أرى حلولاً جذرية للمعضلة اللبنانية في المدى القريب المنظور. حتى لو جمعت السلطة قواها وباشرت الإصلاحات، فإنه يلزمها وقت أطول بكثير. إذاً ماذا يخبأ للبنان عند انقضاء المهلة...؟

ستتفرغ الولايات المتحدة إلى معالجة قضايا الشرق الأوسط بعد الانتخابات الرئاسية إلى جانب حليفتها فرنسا ومن ورائها الاتحاد الأوروبي. وفي ذلك الوقت سيأتي ماكرون إلى لبنان في زيارته الثالثة ليقول إلى أهل السلطة: لقد فشلتم ولم تتمكنوا من إجراء الإصلاحات المطلوبة وإليكم الحل للمعضلة: كفوا اليد وسنقدم لكم المال لتعويم الخزينة اللبنانية شرط أن نشرف على صرف الأموال بأنفسنا والتأكد بأنها

تسير في الوجهة الصحيحة. وفي المقابل تتنازل الحكومة اللبنانية عن حق التصرف بمربعات النفط البحرية لهيئة الوصاية الجديدة المؤلفة من الولايات المتحدة وفرنسا (وربما دول أخرى)، مع الوعد بأن تتعهد هذه الأخيرة بفض النزاع اللبناني الإسرائيلي حول الآبار النفطية وترسيم الحدود البحرية وربما، في مرحلة متقدمة إجراء تقارب لبناني إسرائيلي على غرار ما حصل مع الإمارات المتحدة. وسيتضمن العقد حق التصرف بحقول النفط للوصاية الجديدة بشروط يعينها الفريقان.

أرجو المعذرة إن كان يرى البعض تشاؤماً في نظرتي إلى مستقبل لبنان وأرجو أن أكون على خطأ في تقديري الشخصي بالوصف الذي بينته أعلاه. غير أن الأحداث المتلاحقة التي نعيشها في هذه البقعة من العالم والمفاجآت التي تطالعنا بين الوقت والآخر، لا تبشر بالخير، بل تضعنا أمام افتراضات وعلامات استفهام مختلفة أقلها قيام الوصاية (من أجل لبنان)، وهذه هي حالة الغيبوبة في الجسم المريض.. هل سيكون تصورنا الذي أشرنا إليه أعلاه حلاً ليتعافى ويسلم لبنان من الإفلاس والانهيار أم ضربة استعمارية جديدة للقضاء عليه..؟

الخوف كل الخوف أن تكون المفاجأة الصادمة سقوط الجمهورية في انقضاء مئويتها الأولى...؟

●

وجهة سير

كلما مرَّ ببالي ما يحدثُ في الوطنِ من فتنٍ وانقساماتٍ أعودُ للأسبابِ التي تختبئُ وراءَ الصراعاتِ القائمةِ على الأرضِ لأتبيَّنَ الدوافعَ.. فلا يظهرُ في الأفقِ سوى الغضبِ الآخذ طريقه إلى الحقد المدمّر. غير أنني أطمئِنُّ بعضَ الشيءِ لأنَّ مع الغضبِ يبقى الباب مفتوحاً للحوار، أما مع الحِقدُ فتصدُّ بوجهِهِ كلُّ الأبوابِ

إيجابيات العام 2020

2021/01/02

الأخبار "المفاجئة والمفجعة" التي تصدرت عناوين الصحف ومختلف وسائل الإعلام الأخرى في لبنان، قبيل رأس السنة الجديدة، كانت أخبار الاستعدادات والتحضيرات لاستقبال العام 2021 حيث كان ينتظر أن تغص القاعات والمطاعم بالرواد أصحاب الحجوزات المسبقة.

أما بعد حلول العام الجديد، فقد تصدرت العناوين أخبار حفلات العيد بشيء من الأسف والقرف إذ راح البعض، بعد منتصف الليل بإطلاق النار ابتهاجا، في مختلف المناطق اللبنانية، وقد أصاب الرصاص بعض الناس، وقد بلغ عن مقتل إحدى السيدات. كما بلغ عن إصابة طائرة حديثة تابعة لطيران الشرق الأوسط برصاصة طائشة أحدثت ثقباً في هيكلها. هذا ما عدا السيارات التي اجتاحت الطرقات مطلقة العنان للزمامير والأغاني عبر مكبرات الصوت. كل هذا ليس ابتهاجاً بحلول العام 2021 ربما وإنما لرحيل العام 2020 الذي يعتبره الناس المسؤول الأول عن المصائب التي حلت بلبنان...! واللافت للنظر أيضاً تلك التعليقات

والنكات والرسوم المتحركة التي ازدحمت على صفحات التواصل الاجتماعي طوال أيام والتي تهزأ بالعام 2020 وتشير إلى الخلاص منه عند حلول العام الجديد.

ونسأل هنا: ماذا سينتج عن تلك السهرات العامرة من ضحايا لوباء "كورونا" الآخذ بالانتشار. جاء على موقع الـ "إم تي في" خبر بعنوان: "سهرات رأس السنة تنبئ بالكارثة" مفاده: مع تسجيل رقم قياسي صادم عشية رأس السنة بأكثر من 3500 حالة إيجابية جديدة، أحيت فنادق ومطاعم ونوادٍ ليلية حفلات لمناسبة رأس السنة تحت شعار "بدنا نعيّد لو شو ما صار"، شارك فيها مواطنون غير مبالين بصحّتهم وتدهور الوضع الطبي في لبنان، إلى جانب فنانين من الصف الأول. فهل نتيجة سهرة رأس السنة ستكون كارثيّة بعد هذا الاستهتار...؟

إننا ننظر إلى هذا الواقع بشيء من الدهشة والاستغراب والسؤال ماثل على كل الشفاه: إلى أية فئة من البشر ينتمي هؤلاء الذين يطلقون النار في الهواء، وفي كل الاتجاهات، احتفالا بحلول العام الجديد خاصة وأن لبنان يمر حالياً بحالة هستيرية من جراء تفشي كورونا الواسع وانهيار الحالة الاقتصادية في جميع القطاعات.. هل من توصيف نطلقه على هؤلاء غير الإجرام وقد تجاوزت أفعالهم حدود القانون وأبسط القواعد الإنسانية...؟

ثم لماذا نعتبر العام 2020 عام النحس والإخفاقات وأنه المسؤول عن جر الويلات على لبنان؟ بل ماذا نعرف عن العام الجديد غير أنه جديد؟ أو ليس من الممكن أن يكون

أنحس من سابقه؟ الحقيقة التي نراها هي حتماً في مكان آخر وأعلن لأقول بكل تأكيد إن العام 2020 هو عام الإيجابيات والاختبارات المؤدية إلى الحلول الجذرية التي ينتظرها لبنان وشعب لبنان!

ولائحة الإيجابيات قد تطول ومنها:

ـ كشف الغطاء عن منظومة الفساد الحاكمة والمتحكمة بمقدرات البلاد.

ـ كشف النقاب عن ملفات الهدر والسرقات في مختلف إدارات الدولة.

ـ تحول شباب لبنان من التبعية الطائفية إلى التابعية الوطنية والمجتمع المدني.

ـ قيام انتفاضة شعبية شكلت نواة لثورة حقيقية (مع بعض التعديلات) قادرة على التغيير.

ـ كشف أساليب السطو والعمولات المبرمجة في النظام المصرفي اللبناني.

ـ كشف أعمال القرصنة وسرقة أموال المودعين التي حجبت الاستثمارات عن لبنان.

ـ الاقتناع بأن الإرادة الشعبية في إطار الوحدة الوطنية، هي وحدها القادرة على الإصلاح.

ـ رفض الحكومات المقنعة أياً كان شكلها لأنها ستكون مطية في يد المنظومة الحاكمة.

ـ التقيد بالتعليمات الطبية في مكافحة وباء كورونا للتخفيف من انتشاره.

هذه بعض الإيجابيات التي جاء بها العام 2020 ولا شك أن هناك الكثير غيرها. وهل يجوز بعد هذا أن نرميه بحجارة النكران...؟

الأجدى بنا أن نتخذ العبر من الإيجابيات التي أوردناها آنفاً وأن نعمل على إزالة شوائبها إذا أردنا أن يكون العام الجديد مختلفاً عما سبقه. إن التهليل له والتمسك به لا يجدي نفعاً إن لم نسجل فيه أفعالاً. فنيل العلى لا يتحقق بمجرد الصلاة والتمني..

●

وجهة سير

احتفلت المنظومة الحاكمة في لبنان، بالذكرى الثامنة والسبعين على استقلاله وكأن الدنيا بألف خير.. همهم الاستعراض العسكري والوجاهة وشرب الأنخاب. فأقاموا الاحتفالات برفع العلم اللبناني على سطح مؤسسات رسمية للدلالة على رقيهم الحضاري، وقد فاتهم أنها ذكرى الارتهان والخضوع. الحقيقة أن كذبة "الميثاق الوطني"، هي التي أدت ليس (إلى) استقلال لبنان وإنما إلى استقلال المتسلطين العاملين على خراب لبنان..

وجهة سير

يتسابق المشاهير في لبنان اليوم، من إعلاميين وفنانين وممثلين، على الظهور الإعلامي والتصريح بانتقاداتهم واتهاماتهم للسياسيين بالانحلال الأخلاقي الذي أدى إلى انهيار البلد. وكأن هناك إجماعاً بالموقف فيما بينهم على تشخيص المشكلة كما على الأداة لحلها التي تكمن في الثورة عليهم.

أين كان هؤلاء يوم أعلن عن الثورة في 17 تشرين وأين أصبحت الثورة.؟ والجواب باختصار هو أن حركة المشاهير بطيئة. توقفت الثورة والثوار راجعون..

رداً على البرنامج المقترح من قبل السفير د. هشام حمدان لإنهاء الأزمة اللبنانية

سعادة السفير الدكتور هشام حمدان المحترم

202/02/17

تحية طيبة وبعد،

لما كنتم ترغبون أن أبدي رأيي بالبرنامج الانقاذي للبنان، الموضوع من قبلكم، جئت برسالتي هذه للإشارة إلى بعض الملاحظات المتواضعة علها تلقى لديكم بعض الانتباه لدقتها في هذه المرحلة بالذات.

أولاً: بالنسبة للمقدمة لا خلاف على ما جاء فيها من شرح للوضع المتردي الذي آل إليه لبنان جراء عوامل عدة. إلا أنكم لم تذكروا من قريب أو بعيد مسؤولية المواطن اللبناني فيما حل بالوطن باستخفافه وتركه الحبل على الغارب على مر السنين والعهود، ذلك أن المسؤولية هذه هي العبء الأكبر في عملية الإنقاذ ويجب بالتالي أن نبدأ من هنا: إعادة تأهيل المواطن اللبناني في مختلف المجالات وجعله يشعر بالدور الملقى على عاتقه ليستعيد ثقته بنفسه وبالتالي يحسن اختيار ممثليه في الندوة البرلمانية التي هي القاعدة الأساسية الأولى في بناء السلطة.

113

ثانياً: تطلبون إعلان لبنان وطناً نهائياً لجميع أبنائه وبسط سلطة الدولة على جميع أراضيه ثم إعلان الحياد عن الصراعات الإقليمية والدولية وتفعيل اتفاقية الهدنة لعام 1949 والتشديد على أن يلعب لبنان دوره في إطار الشرعية الدولية وميثاق جامعة الدول العربية.

الملاحظ هنا مع احترامي للمطالب الواردة في هذا البند، أنها من صلب وظيفة الدولة الحرة السيدة المستقلة. ومع الأسف فإن لبنان ليس بهذه المواصفات. فالإعلان عن "الوطن النهائي لجميع أبنائه" قائم على الورق وفي الخطابات وليس بالواقع، ذلك أن لبنان هو مختلف باختلاف من يعتلي المنبر. ثم إعلان الحياد عن الصراعات الإقليمية والدولية لا يصح في بلد تحكمه ميليشيات تدين بألف دين ودين وتمولها السفارات الإقليمية والدولية. أضف إلى ذلك أنه من غير الممكن أن يتم تحييد لبنان عن محيطه القومي لأنه يفتقد لكل مقومات الاكتفاء الذاتي. ومن المتفق عليه دولياً أنه لا يمكن لأي بلد أن يعلن الحياد إلا إذا كان بتوافقٍ داخلي بين مكوناته. وهيهات أن نتوصل إلى مثل هذا التوافق.

أما بالنسبة لتفعيل اتفاقية الهدنة مع إسرائيل، يبدو أنها قائمة فعلاً ومفعّلة دون الإشارة إليها. لا بل يُعمل بوساطة أميركية لتثبيتها وإعلانها من خلال ترسيم الحدود البحرية بين لبنان وإسرائيل إذ تستمر اللقاءات بين البلدين مباشرة في الخفاء

وفي العلن. ويُنتظر أن يتم الإعلان عن الاتفاق النهائي عندما تزول بعض الإشكالات وتسمح الظروف بذلك.

ثالثاً: ما أثارني في البند الثاني من برنامجكم الانقاذي هو الدعوة إلى التمسك بالوحدة الوطنية في إطار التعددية الطائفية والمذهبية، وهنا يكمن أصل البلاء. الوحدة الوطنية لا ولن تكون في إطار التعددية الطائفية والمذهبية لأنها، على غرار سابقاتها، ستنتج التشنجات والعصبيات التي تؤدي إلى النزاعات بين المواطنين إن لم تجر إلى الاقتتال فيما بينهم، والتاريخ شاهد على ذلك. الوحدة الوطنية لا تكون إلا بطرح ثقافة المواطنة المدنية بحيث يكون الولاء للوطن وليس للطائفة ونبذ العصبيات الطائفية والمذهبية التي تعيد إلى الأذهان تجارب الحروب الأهلية. يجب التأكيد على أن الدولة المدنية القوية هي وحدها القادرة على حماية جميع الطوائف والمذاهب.

رابعاً: إن دعوتكم إلى المؤتمنين على العيش المشترك في لبنان، من مرجعيات سياسية ودينية ومدنية (هذا إذا كان لهم أن يجتمعوا)، للذهاب إلى أعلى منبر دولي والصراخ هناك كما فعل غسان تويني عندما قال: "دعوا شعبي يعيش"، لن يجدي نفعاً لأنه سيكون صرخة في وادٍ لا وقع فيها ولا آثار إيجابية. ولنسأل ونتذكر ماذا نتج عن صرخة غسان تويني غير ترددادها في الصحف والمنتديات الأدبية. هذا من جهة، ومن جهة أخرى فإن واقع العالم اليوم يختلف عمّا كان عليه قبل ثلاثين أو أربعين سنة. فكل بلد لديه من الأزمات

الاجتماعية والاقتصادية والمالية ما يكفيه. فلن يكون لبنان في لائحة أولوياته قطعاً. وإذا كان لنا أن ندهش العالم فعلاً، فلا يكون ذلك إلا برص صفوفنا لنقيم وحدةً وطنيةً حقيقيةً قائمةً على العدل والمساواة بين مواطنينا ولنترك قضايا الدين لرجال الدين الذين نجل ونقدر دورهم الخدماتي والإرشادي.

خامساً: إن طلبكم اعتماد لبنان مركزاً دائماً للأمم المتّحدة لحوار الحضارات والثقافات والأديان، وجسرا حضاريا لتعزيز العلاقات الثقافية بين الشعوب، لهو مطلب غريب بعض الشيء. لماذا تعتمد الأمم المتحدة بلداً كلبنان ليكون مركزاً دائماً لحوار الحضارات؟ ألأنه نموذج حضاري فريد يجب الاقتداء به وهو الذي يقوم على حكم العصابات والمافيات من كل الأنواع؟؟ ثم ماذا يعني حوار الأديان، فإننا لا نرى سبباً واحداً لإقامة مثل هذا الحوار. فلكل دينه وكتابه ومرجعيته ولا يحتاج إلى حوار مع أحد ذلك أن الحوار يؤدي مبدئياً إلى الإقناع أو الاقتناع. وهذا ليس متوفراً عندما تكون الأديان موضوع الحوار. فالدين يقوم على الإيمان في أغلب الأحيان وليس على العقل أو المنطق.

سادساً: قد يكون تأثرنا ببعض الأفكار ناجماً عن مسميات اعتبرت في وقت من الأوقات "مسلمات وطنية" وهي في الواقع ضخٌ في رؤوسنا لاستخدامها وكأنها حقيقة يطيب لنا ترددها والاستمتاع بصداها. ومنها قول البابا يوحنا بولس الثاني "إن لبنان أكثر من وطن فهو رسالة". ونحن نسأل: ما

نوع الرسالة؟ أرسالة حضارية هي أم رسالة سماوية؟ رسالة ثقافية أم رسالة عقائدية؟؟ لم يوضح البابا نوع الرسالة وعلينا أن نفهمها ونفسرها بالشكل الذي يعجبنا.. الواقع إذا أمعنا النظر في حقيقة التسمية فهي على غير مسمى. كنا نريد لبنان كذلك بكل تأكيد، غير أنه مع الأسف لقد كان في مراحل كثيرة من التاريخ، رسالة حقد وكراهية نفحت بها العصبيات الطائفية والمذهبية ولا تزال. فأية رسالة نبشر بها اليوم ليصلحَ قول البابا...؟؟

الخاتمة: تضعون اليوم برنامجكم الانقاذي بين أيدي المنتفضين في لبنان تمهيداً للعمل بموجبه في وقت لاحق. لا شك أنكم صرفتم الوقت الطويل والجهد الكثير حتى جئتم على مختلف نواحي الحياة لتضمينها البرنامج هذا. وقد ذكرتم في سياقه على ذكر انتفاضة 17 تشرين على أنها الآلية الصالحة لتنفيذ بنود هذا البرنامج. سأختم هنا بملاحظة صغيرة: لا تقوى الانتفاضة السلمية على إجراء التغيير في أي من المجالات لكنها قد تقوم بعرض المطالب وتهيئة الرأي العام للقبول بها. أما الآلية الحقيقية لقلب الطاولة وإجراء التغيير، فهي الثورة المدوّية إذا كان للانتفاضة الحالية أن تتحول إلى ثورة..

بقي أن أتمنى لبرنامجكم الانقاذي أن يرى النور. تفضلوا بقبول وافر التقدير والاحترام.

●

117

وجهة سير

Ω

منذ عصر الجاهلية إلى يومنا هذا "عصر الببغائية"، ما فتِئ الإعلام يتحدث عن الشهامة العربية. لا بأس في ذلك لكننا نسأل: ماذا حقق العربي على مر العصور، في نموه الفردي أو الاجتماعي، غير الادعاءات الفارغة إذ تحولت القبيلة إلى عدة قبائل ووحدة الشعب إلى عدة وحدات وتوزعت الولاءات الوطنية إلى ولاءات طائفية.. فأين الشرف والشهامة في كل هذا؟ من المؤسف القول إن الحياة لن تنتظرنا لأنها تسير إلى الأمام، على وقع علاقات إنسانية راقية لمن يعرفون معنى الحياة..

طريق الخلاص..

2021/04/13

تصادف اليوم الذكرى الخامسة والعشرون لحادثة عين الرمانة في بيروت التي كانت الشرارة الأولى لاندلاع الحرب الأهلية اللبنانية. هذه الحرب الشرسة التي دارت رحاها على مدى خمسة عشر عاماً، ذاق المواطن اللبناني خلالها شر المرارة والألم والموت والتشرّد حتى انتهى به المطاف إلى فقدان حريته وحق السيادة على أرضه والى تكبيله بقيود الأزمات الخانقة والمتلاحقة، الاقتصادية منها والاجتماعية والسياسية.

ومع حلول هذا اليوم من كل سنة لا يسعنا إلا أن نعود إلى الوراء لنستعرض ونتأمل ماذا فعلنا لكي نضمن عدم تكرار ما حدث عام 1975 وما استتبعه من أحداث دامية مؤسفة والتي ما كانت لتتوقف لولا سحر "الطائف" الذي هبط علينا من السماء..

وفي وقفة التأمل هذه يجب أن نقف على الأسباب (ما قبل الطائف) التي أدّت إلى الكارثة لإزالتها والحؤول دون قيام كارثة مماثلة (بعد الطائف)، هذا إذا كنا نرغب بتحقيق وحدة

119

وطنية قائمة على أساس صلب يكتب لها التواصل والاستمرار.

فإذا كانت العلة في التربية المدنية والتعليم بحيث كان يختلف الكتاب في المدارس من منطقة إلى أخرى ويستتبع هذا اختلاف في التربية والتفكير والممارسة، فقد جاء الكتاب ما بعد الطائف أكثر تنوّعاً وتحديثاً من غير أن يوحّد في المدارس.

وإذا كانت العلة في الاقطاع السياسي الذي فرز الأنانيات الفردية والتبعية في استزلام له بعيداً عن العمل والانماء الاجتماعيين، فقد جاء بعد الطائف إقطاع رأس المال ليحل مكانه، وليذل النفوس في تغذية للفردية وخلق فصائل من التابعين "الزحفطونيين".

وإذا كانت العلة في دستور البلاد الذي كان محظراً علينا مسّه وإجراء تعديلات عليه بحيث يتلاءم مع تطلعاتنا وتطورات العصر الحديث، ها هو الطائف يكسر الطوق ويسمح بالتعديل ويؤمّن له الاجماع عندما تقضي "الضرورة الوطنية"..

أما إذا كانت العلة في ارتهان القرار اللبناني للعوامل الخارجية، الاقليمية والدولية، من ذي قبل بحيث سمح في السابق لقيام "حرب الآخرين على أرضه"، فهو اليوم بعد الطائف، يراوح مكانه ويكاد القرار أن يكون معدوماً..

باختصار نقول: لا شيء تغير باتجاه إزالة الأسباب، لا بل ما أنجز في الطائف ـ بعد الطائف ـ هو إضافة أسباب جديدة

لخلق توترات إضافية والخوف، كل الخوف، أن يكون الآتي أعظم..

وقفة تأمل وشيء من العبر.. ماذا فعلنا لنبعد عنا أشباح الظلمات؟ وماذا أعددنا لنضمن عدم تكرار المأساة؟

الحرية تكمن في الاعتراف بالحقيقة والمصارحة مع الذات. فلا نذهبن بعيداً للتفتيش عمن نلقي عليه اللوم، فطريق الخلاص تبدأ من هنا..

●

وجهة سير

Ω

اليوم، في ذكرى رحيل الأب الروحي والمعلم الأكبر ميخائيل نعيمة، يحلو التأمل واستحضار روحه الطاهرة التي بلغت في حياتها الأرضية أعلى درجات المعرفة والرقي الروحاني في رحلة الذات إلى الذات، استعداداً للذوبان في المرتجى الأسمى.. كما يحلو استعراض أفكاره وأقواله ليعود إلى الحياة في استذكارنا له بعد ذوبانه.. فالعارفون المتفوقون هم كالحياة في ديمومتها، لا يموتون..

من أجل السلامة العامة..

2021/07/11

خلال حملة التلقيح ضد وباء الكورونا التي تقوم بها سائر الحكومات في دول العالم، نسمع بعض أصوات النشاز التي تصدر عن مواطنين لا يعيرون أهمية لخطورة الوباء أو أنهم يرفضون الانصياع للتعليمات الأولية البسيطة التي تصدرها السلطات الصحية كغسل اليدين والابتعاد الاجتماعي وارتداء الكمامة في الأماكن العامة، أضف إلى ذلك رفضهم الخضوع لأخذ اللقاح في الوقت الذي يتسابق فيه الناس للحصول عليه. وقد أفضى البعض عن أسباب هذا الرفض بقولهم إنها ممارسة لحرية الاختيار الشخصية التي تحميها القوانين في الأنظمة الديمقراطية ويعتبرون أنفسهم أصحاب القرار: فإما يقبلون وينصاعون للتعليمات الرسمية التي ترعى الشأن العام بما في ذلك الصحة العامة وإما ينساقون لتقديراتهم الشخصية بعدم القبول ورفض كل ما يتعلق بالوباء وملحقاته من تدابير وقائية وعلاجية.

تبدو الصورة من خلال ما تقدم وكأن الأمر يُعرض بهذه البساطة كما ينظر إليه الممتنعون أو الرافضون للتدابير التي تقوم بها الحكومات للحفاظ على سلامة المواطنين. لا بل

123

يروح البعض إلى أبعد من ذلك باتهام الهيئات الرسمية العبث بصحة الناس وحرياتهم إذا هي تشددت في مراقبة ومعالجة الإصابات الناجمة عن انتشار الوباء وكأن مايتي مليون إصابة حول العالم وأربعة ملايين من الأرواح التي قضت من جرائه، غير كافية لإقناع هؤلاء بالعودة إلى صوابهم والتقيد بما يحميهم ويحمي المجتمع الذي ينتمون إليه. ومن المضحك المبكي تأثر هؤلاء بما يشاهدون ويسمعون على وسائل التواصل الاجتماعي من اجتهادات ومقارنات وتعليقات حول الوباء لعلماء في الطب والعلوم وبعض المتخصصين في علم الفيروسات المعدية وخلافه. والطريف بالأمر أن كلاً من هؤلاء المعلقين يقدم البراهين التي تؤكد وجهة نظره داعياً إلى عدم تصديق الآخرين بما يذاع ويشاع.

ومما لا شك فيه أن ادعاءات المجتهدين على اختلافها، خلقت بلبلة نفسية في صفوف الناشطين على وسائل التواصل الاجتماعي بحيث تأثرت نسبة غير قليلة، من الشباب تحديداً، بما يقدم من آراء واجتهادات وعملت بموجبها. وتبدو الصورة جلية في رفضهم التقيد بالتعليمات الصادرة عن الجهات الحكومية الرسمية.

إذا ما نظرنا إلى هذا الواقع الماثل أمامنا يمكننا حصر أسبابه بإثنين: الرفض لتعلقه بالحرية الشخصية أو الرفض لمجرد الرفض تأثراً بأحد ادعاءات المجتهدين.

ففي كلا الحالين، نرى أنه لا يجوز التفرد بالرأي طالما أن الغالبية من الناس (ونتكلم هنا عن الملايين من مختلف

الجنسيات) تتوخى الحيطة القصوى لتفادي الوقوع بعدوى الوباء وقد يكون الموت بنتيجته والمرض المضني في أقله. إن الاستهتار بطبيعة هذا المرض وعدم الرضوخ لتعليمات الجهات المسؤولة عن الصحة العامة أياً كانت الموانع، هو بحد ذاته خروج عن الإرادة المجتمعية ولا يمكن وصفه بأقل من الانحراف عن النظام العام. وإذا كان الرفض بسبب التمسك بالحرية الشخصية، نذكّر الرافضين، بكل محبة، بالمبدأ القانوني الذي يقول: تنتهي حريتك عندما تبدأ حرية الآخرين.. ذلك أن الامتناع عن التقيد بالتعليمات الصحية أو رفض تناول اللقاح أمران يهددان صحة الآخرين لا بل المجتمع بأسره. فهل يجوز، والحالة هذه، ترك الأمر للتقدير الشخصي أو الحرية الشخصية...؟ أضف إلى ذلك اجتناب الناس لغير متلقي اللقاح، خوفاً من العدوى، ما يربك صاحبه ويجعله محط انتقاد الآخرين له. ثم إن تدخل الحكومات في مكافحة الوباء، من تدابير وقائية وعلاجية وخلافه، ناجمٌ عن مسؤولية الدولة في حفظ أمن وسلامة المواطن، ولا يحق بالتالي الإخلال بهذه المعادلة لأي من المواطنين..

نأمل من جميع الرافضين إعادة النظر في مواقفهم وإعارة ما أوردناه آنفاً بعض الاهتمام ذلك أن سلامتهم هي من السلامة العامة وهو ما تحرص عليه الحكومات في جميع أنحاء العالم.

●

وجهة سير

يعمل البعض على ترويجات غير مبررة بإدخال حرية رفض التلقيح ضد وباء كورونا في إطار حرية المعتقد أو التعبير. إن ما يدَّعيه هؤلاء مرفوضٌ بنظرنا، شكلاً ومضموناً ومخالفٌ للقوانين والأعراف ذلك أنه يقع في إطار المبدأ القانوني العام الذي يقول: تتوقف حريتك عندما تبدأ حرية الآخرين". فهل علينا أن نستسلم للجهل ونقبل بحرية القتل والإجرام باسم "الحرية الشخصية".؟

سهام الغدر على مرفأ بيروت..

2021/07/22

مع اقتراب الذكرى الأولى لكارثة العصر، تسألني عمّا يدور في خاطري بعد النكبة التي حلت بمدينة الحب والجمال جراء "تفجير" مرفأ بيروت. فهل تنتظر أن يكون لديّ جواب على مثل هذا السؤال غير الانكفاء والحزن وحكِّ الأسنان أسفاً وحقداً على من دمّر عاصمة الشرق على رؤوس سكانها الآمنين فقتل براعم الأمل التي كانت تنتظر ولادة لبنان الجديد..؟

ففي بادئ الأمر، وإذ يغمرني شعور بالألم والغضب، أطلب الرحمة والغفران للشهداء الأبرار الذين سقطوا جراء هذا التفجير الغاشم. أما بالنسبة للأضرار المادية، فحدث ولا حرج، فقد فاقت الخسائر عشرات البلايين من الدولارات.. وكأنه لم يكفِ لبنان ما أصابه من أزمات أمنية واقتصادية وحروب أهلية حتى يتعرض اليوم لهذا الزلزال الوحشي الذي قضى على كل المعالم الحضارية في بيروت أو كاد.

كلبناني مغترب في كندا، أنظر إلى موضوع تفجير المرفأ كما ينظر إليه إي لبناني مقيم لأن الأمن والاستقرار في الوطن يعني المقيم والمغترب على حد سواء..

لست أدري لماذا تصوَّبُ سهامُ الغدرِ على بيروت، أمِّ الشرائع، التي أرست في العالم قواعد العدالة والمساواة وكانت على مر الدهور النموذج الحي لحقوق الإنسان...؟؟

لست أدري كيف يرتاح ضمير من ينصب العداء لعاصمة الفرح والحب ويرضى بأن يكون في صف الأعداء المخربين والمجرمين...؟

أقولها بالفم الملآن: إن وراء الكارثة يدًا آثمةً تجيد التفجير والتخريب. وإن وراء هذه اليد مدبراً حاقداً يجيد التحريض والتخطيط. وباختصار، سواءً وقع التفجير بتدبير عن سابق تصور وتصميم أو نتيجة إهمال وتقصير، فهناك مسؤول أو مسؤولون دون شك، يجب أن يخضعوا للمساءلة والمحاكمة وأن ينزل بهم أشد العقاب وأقله تعليق المشانق. لقد حان لهذا البلد أن يرتاح من هؤلاء المتسولين الحاقدين..

أما كيف سيتم كشف الفاعلين؟ الكل يعلم كيف تلفلف القضايا في لبنان عندما يتعلق الأمر بالمنظومة السياسية (الطائفية) التي تتحكم بالبلد، وأنه مهما تباعد رجال هذه المنظومة في السياسة إلا أنهم يلتقون عندما يهددهم خطر الإطاحة بالنظام أو بالمصالح التي يحققونها من خلال مواقعهم السياسية، وكيف يسرع هؤلاء إلى لملمة الأمر متمسكين ببنود الـ "الميثاق الوطني" خوفاً على امتيازاتهم. وليس الميثاق هذا

سوى "ملهاة سخيفة" أو عقد هزلي يستخدمه أهل السلطة بوجه الشعب على أنه "الكتاب المنزل". وهكذا تمرر التسويات والصفقات وتقاسم الحصص والمغانم، وبالتالي الهروب من المسؤولية والمساءلة القضائية عندما يتعلق الأمر بالتفجير كتفجير مرفأ بيروت..

أعلنت السلطة أنه سيحال أمر التحقيق بقضية المرفأ على المجلس العدلي. فهل سيتوصل القضاء إلى وضع اليد على الفاعلين...؟ لست أدري!!!

●

Ω

استوقفني حادث غرق زورق "الموت" الذي كان يقلُّ مجموعة من المهاجرين غير الشرعيين إلى أوروبا. كما استوقفتني تعليقاتٌ مختلفة كان أبرزها تلك التي تدين رب العائلة الذي دفع بحياة أولاده إلى الموت في رحلة خطرة كهذه. قد يكون الحكم من خارج الكارثة تجنٍ إذ يبدو وكأن انهيار الدولة بجميع مرافقها، قد ألقى بظله وثقله على حياة المواطنين بحيث صار الخطر من الغرق افضلَ من خطر العيش في لبنان. اللهم احفظ ما تبقّى من لبنان..

العجيبة التي ينتظرها لبنان..

2021/08/01

بعد أن استنفدت المحاولات الانقاذية "الكلاسيكية" للحالة الكارثية التي وصل إليها لبنان، أخذ اللبنانيون منحىً آخر في مقاربة الأزمة بشبه الإجماع ويتمثل بالدعاء إلى الله اجتراح عجيبة تنقذ لبنان من محنته على ثبات بأن الوضع بات يحتاج إلى عجيبة إلهية تعيد إليه الأمن والاستقرار.

ويتزامن هذا مع اعتذار سعد الحريري عن تأليف الحكومة، بعد محاولات مضنية طوال تسعة أشهر، وتكليف نجيب ميقاتي الذي أعلن منذ اللحظة الأولى أنه لن يقبل بما رفضه الحريري وكأنه الإيحاء بأننا سندخل بمراوحة جديدة لفترة تسعة أشهر ثانية أو ربما أطول. غير أن أجواء التفاؤل التي تحيط بالرئيس المكلف توحي بغير ذلك ومنها الإشارة إلى الضمانات الدولية التي يحملها لتسهيل مهمته. وكأن الثنائي الأميركي الفرنسي قد حسم أمره بتبني نجيب ميقاتي لرئاسة الحكومة بعد انتظار طويل انتهى باعتذار الحريري.

وبالعودة إلى تصريح ميقاتي الذي أكد فيه أنه لن يقبل بما رفضه الحريري، يمكن القول إذا كان ميقاتي صادقاً فيما يدعيه، فهذا يعني أن رئيس الجمهورية سيواجه معه ذات المشكلة التي واجهها مع الحريري وبالتالي سيواجه الاثنان ذات النهاية أي الاعتذار عن التشكيل. أما إذا اعتبرنا بأن

الضمانات الدولية التي يدعيها ميقاتي هي التي تميزه عن الحريري بحيث جعلت تكليفه من عيار أثقل، فالسؤال هو التالي: هل أن الحريري لم يتلقَّ الضمانات التي تلقاها ميقاتي من الأسرة الدولية؟ والجواب سيكون حتماً بالنفي لكون الحريري لم يترك باباً إلا ودقه خلال فترة توليه مهمة التأليف ومن الطبيعي أن يعود مثقلاً بالعهود والوعود. فبالإضافة إلى الدعم الفرنسي الأميركي، كانت هناك زيارات إلى كل من روسيا وتركيا والإمارات العربية. ولا بد لهذه اللقاءات أن تكون قد أثمرت بشكل أو بآخر..

إذا ما نظرنا إلى المواصفات الواجب توافرها في شخصية الرئيس المكلف تأليف الحكومة، فالرجلان متساويان من حيث المبدأ العرفي (الطائفي). فكلاهما ينتميان إلى الطائفة السنية ويتمتعان بدعم دار الفتوى الإسلامية، كما يتمتعان بضمانات دولية أهمها الدعم الفرنسي في المرحلة الراهنة. إلا أن الحريري قد يتفوق على ميقاتي لكونه الأقوى سنياً باعتراف الجميع. وهنا يطرح السؤال: كيف توافق الطائفة السنية أو دار الفتوى التخلي عن الأقوى لمصلحة الأضعف؟ سيكون الجواب البديهي: الحريري هو الذي اعتذر مما دفع برئيس الجمهورية إلى اختيار البديل وهكذا وقفت دار الفتوى بمواجهة "لا حول ولا" وهنا يكمن بيت القصيد. هل اعتذر الحريري مزاجياً أم أنه اضطر إلى الاعتذار بحيث أُحرجوه فأخرجوه...؟ وفي مراجعة مجريات الأمور قد تتبلور الصورة ونقف على كل الحقيقة.

قيل لنا أو هكذا صور لنا بأن المشكلة العالقة بين رئيس الجمهورية والرئيس الحريري كانت على خلفية توزيع المقاعد الوزارية أو العدد الإجمالي للوزراء ثم اختلاف على الوزارات السيادية والخدماتية ثم اختلاف على تسمية الوزراء أو على الثلث الضامن وخلافه.. وهكذا كانت تمر الأيام والبلد يسير من انهيار إلى آخر وسط إهمال ولامبالاة رسميين، بدءاً من حركة الانتفاضات الشعبية في الشارع إلى سرقة المصارف لأموال المودعين إلى كارثة العصر الكبرى في تفجير مرفأ بيروت، أضف إلى ذلك انتشار وباء كورونا الكثيف في سائر المناطق اللبنانية حتى حلت الكارثة الثانية (نسبياً) في سقوط الليرة وانهيار القطاع المالي الذي أدى إلى إفقار وتجويع معظم اللبنانيين حتى بات الكل يراهن على حل يأتيهم من السماء.!

اللافت للنظر أن المبادرة الفرنسية التي أطلقها الرئيس ماكرون كانت هي المرافقة لجميع المراحل التي مرت بها الأزمة اللبنانية مع التأكيد في كل مفصل على أن لا بديل عنها في وقت تخلى فيه الجميع عن لبنان بما فيهم الأخوة العرب. وهكذا ضاقت الخيارات أمام لبنان، فإما القبول بالمبادرة الفرنسية والانصياع لشروطها وإما الاستسلام للانهيارات المتلاحقة الى قعر المجهول. ولكن يبقى السؤال: لماذا يعتذر الحريري ويفسح بالمجال لميقاتي طالما أن الرجلين يتعاملان بالمعطيات ذاتها...؟ للإجابة على هذا السؤال، نرى ضرورة مقاربته من زوايا مختلفة:

أولاً: على الصعيد الخارجي، إذا كان للحريري أن يؤلف الحكومة بشروط المبادرة الفرنسية، ستطاله حتماً نقمة دولية بسبب المماطلة التي دامت تسعة أشهر. وهذا الأمر قد يؤخر إنجازات الحكومة المرتقبة وتفشّل معها المبادرة، ما لا ترغب فيه فرنسا ومن يدعم مشروعها الانقاذي.. وقد كان من الممكن أن تلعب السعودية دوراً في هذا المجال لو أنها لا زالت على موقفها القديم الداعم للرئيس الحريري.

ثانياً: على الصعيد الداخلي، فقد ضاق المواطن اللبناني ذرعاً بالمناكفات التي يمارسها مختلف الأفرقاء على حساب المصلحة العامة إذ يعمل كل فريق على تحميل الآخر مسؤولية تعطيل الحياة السياسية. وستتزايد حتماً النقمة الشعبية إذا ما عاد الرئيس الحريري إلى نقطة الصفر دون أن يحمل تبريراً منطقياً للمماطلة.

ثالثاً: الأوضاع الكارثية التي حلت بلبنان والتي حملت معها الجوع والعوز، جعلت المواطن يكفر بالطبقة الحاكمة ويقبل بأي حل يأتيه ولو من الشيطان. وكان استبدال الرئيس الحريري بالرئيس ميقاتي المخرج الأمثل لحفظ ماء وجه المنظومة السياسية والإبقاء على "الميثاقية القبلية" بوجه الانتفاضات الشعبية والتحركات المدنية.

في تحليل متواضع لما يحصل في لبنان اليوم بالمقارنة مع تطورات المنطقة المتلاحقة، من تسويات وتطبيع مع العدو الصهيوني المحتل، من الملاحظ أن هناك عمليةً مبرمجةً لإفقار اللبنانيين وتجويعهم حتى يرضخوا لأية مبادرة وأي حل يأتيهم من الخارج قد يرفع عنهم آفة العوز والجوع.

وقد جاء تكليفُ نجيب ميقاتي لرئاسة الحكومة في وقتٍ يحتضر فيه الوطنُ وتكثرُ التكهنات حول مصيره وقد بات على لسان معظم أهله التوسل إلى الله اجتراح عجيبة تقي لبنان شر الانهيارات التي تجتاحه. هل تكون الضمانات الدولية أو "الوصاية الجديدة" على لبنان، التي تحدث عنها الرئيس ميقاتي، هي "العجيبة المنتظرة" التي ستعمل على تعويم المالية اللبنانية؟ ربما، ولكن.. ماذا سيقدم لبنان بالمقابل؟؟ الواضح أنه ليس من بدل يقدمه وطنٌ مفلسٌ في الوقت الراهن مقابل عملية الإنقاذ المطروحة، وغني عن القول أنه ليس من تقديمات مجانية في تعامل الدول مع بعضها البعض.

الحقيقة أنه ليس في الأفق سوى أن يتخلى لبنان عن استثمارات آبار النفط البحرية المنوي استخراجها لمصلحة "قوى الوصاية" التي ستتكفَّل بتعويم المالية اللبنانية وتسوية الأمرِ العالقِ مع إسرائيل بما تراه مناسباً. أما ماذا سيكون مصير البلد، فلا أحدَ يعلم. "ظُنَّ خيراً ولا تسلْ عن الخبرِ"...؟؟

●

وجهة سير

Ω

المشكلةُ الحقيقية في النزاعِ الفلسطيني الإسرائيلي ليستْ في المواجهاتِ التي وقعتْ مؤخَّراً وإنما بالاعتداءاتِ المتكررةِ التي تمارسُها إسرائيلُ ضدَّ الشعبِ الفلسطيني في كلِّ مناسبةٍ للتغطية على انتهاكاتها المستمرة. والخطة - المؤامرة هي أنَّها تجدُ في كلِّ مرةٍ منْ يدعو إلى مؤتمرٍ دوليٍ للسلامِ حتى يحين موعدُ الاعتداء التالي.. يحضرُني في هذا المجالِ موقفٌ مميزٌ للأديبِ الكبيرِ ميخائيل نعيمة إذ قالَ: "السلامُ لا يولدُ في المؤتمراتِ الدوليةِ، بل في قلوبِ الناسِ وضمائرِهم"..

فلسطين والفرص الضائعة..

2021/08/25

شكل التاسع والعشرون من شهر كانون الأول (نوفمبر) 2012 علامة فارقة في تاريخ الشعب الفلسطيني.. هذا ما قاله الرئيس محمود عباس لدى عودته إلى رام الله بعد "الانجاز" الذي حققه في نيويورك، بالحصول على اعتراف الأسرة الدولية بفلسطين كدولة مراقبة في الأمم المتحدة من دون عضوية..

وقبل أن ندخل في تفاصيل وتداعيات ما حصل في أروقة الأمم المتحدة، دعونا أولاً نتعرف إلى ماهية الدولة المراقبة وصلاحياتها ومدى تأثيرها على القرارات الدولية.

فبحسب المصادر المطلعة والخبيرة بالشؤون الدولية، لا قيمة أو مفاعيل قانونية لهذا الاعتراف سوى أنه تعاطف مع الشعب الفلسطيني لما يعانيه هذا الأخير من استبداد المحتل لأرضه والهيمنة على حقوقه الطبيعية من جهة والمكتسبة من جهة أخرى. إذن ليس هناك من فائدة عملية قد تؤدي حالياً أو في مرحلة تالية مباشرة، إلى استقلال القرار الفلسطيني أو ممارسة حق العودة أو تحقيق الحلم الفلسطيني بإقامة دولة مستقلة وعاصمتها القدس (أو غير القدس). نقول هذا من دون أن نتجاهل المفصل التاريخي الهام الذي أفرزه التوافق الدولي على الحق الفلسطيني في تقرير المصير

وربما على إقامة الدولة المستقلة في مرحلة ثانية عندما يتم الاعتراف الفلسطيني الرسمي بدولة إسرائيل. وهذه الحقيقة يعرفها أبو مازن حق المعرفة كما تعرفها جميع الدول التي صوتت مع أو ضد القرار، وبمعنى آخر لا يمكن أن تقوم الدولة المستقلة بدون الاعتراف بدولة إسرائيل. لذلك استهل محمود عباس كلمته في نيويورك مستدراً عطف العالم بإصدار شهادة ميلاد دولة فلسطين حيث قال: "نحن هنا، لا للمطالبة بإلغاء الكيان الإسرائيلي.. فإسرائيل دولة قائمة ومعترف بها من هيئة الأمم المتحدة ولا أحد يمكن له الاعتراض على هذا الواقع. ولا نحن هنا لإعطائنا الحق بالانقضاض على دولة جارة نسعى معها بمفاوضات من أجل السلام في المنطقة. وإنما حان الوقت كي يقول العالم بوضوح كفى للعدوان وكفى للاستيطان وكفى للاحتلال، ولهذا نحن هنا اليوم". لقد اعتبر عباس قبول الجمعية العامة للأمم المتحدة بفلسطين دولة مراقبة غير عضو بأنه "الفرصة الأخيرة لإنقاذ حل الدولتين"، ودعا الى تصحيح الظلم التاريخي الذي وقع عام 1948 مؤكداً أن الجمعية العامة للأمم المتحدة مطالبة اليوم بإصدار شهادة ميلاد دولة فلسطين.

لدى مراجعة كلمة أبو مازن، نلاحظ الاعتراف غير الرسمي بدولة إسرائيل عندما أشار بالقول إنها دولة قائمة ومعترف بها من هيئة الأمم المتحدة ولا يمكن لأحد الاعتراض على هذا الواقع. وبالطبع لا يمكن اعتبار قوله

اعترافاً رسمياً وإن كانت الإشارة إليه ربما، من باب التمهيد للاعتراف الرسمي فيما بعد..

وفي العودة إلى التعاطف مع الشعب الفلسطيني، نذكر هنا بما حققه هذا الشعب من مكاسب معنوية في مؤتمر "دوربان" لمكافحة العنصرية عام 2001 والذي شارك في أعماله 153 دولة. وقد شكلت مقررات "دوربان" آنذاك نصراً مبيناً للقضية الفلسطينية (برميةٍ من غير رامٍ) إذ تبنت ثلاثة آلاف منظمة من سائر أنحاء العالم بياناً يصف إسرائيل بأنها "دولة تفرقة عنصرية تمارس الإبادة الجماعية"، رغم التهديدات الأميركية والاسرائيلية باتخاذ خطوات ضد المؤتمر إذا لم تشطب العبارات المناوئة لإسرائيل.

وقد أطلق في ذلك اليوم مؤتمر "دوربان"، في موقف نادر من نوعه، ثورة بيضاء بوجه الولايات المتحدة الأميركية وإسرائيل، تدل بوضوح على امتعاض العالم من سياسة الاستخفاف الأميركية وممارسات إسرائيل العنصرية التي "طفح معها الكيل" وجعلت الأسرة الدولية تعيد حساباتها وتحذو خطوة جريئة لا رجوع عنها. وهذا الموقف الصريح دفع الدولتين المعنيتين إلى الانسحاب من المؤتمر بقرار واحد أذيع بوقت واحد في كل من واشنطن والقدس المحتلة.

وفي مقالة لي نشرت في ذلك التاريخ، قلتُ إن الحدث الفريد الذي سجله العالم في دوربان، يجب أن يصب في مصلحة الانتفاضة الفلسطينية (انتفاضة الأقصى) إذا عرف الإعلام المقاوم والدبلوماسية الفلسطينية كيف يتعاطيان معه وكيف

يوظِفان تداعياته في خدمة الأغراض القومية. لكن شيئاً من هذا لم يحصل! ولم تستخدم بالتالي أية آلية لمصلحة القضية الكبرى التي كانت تنتظر فرصة تاريخية نادرة كهذه، وكانت "دوربان" هي الفرصة الضائعة..

وما أشبه اليوم بالأمس حيث قال العالم كلمته في الموافقة والتصويت إلى جانب فلسطين بالرغم من اعتراض إسرائيل والولايات المتحدة وبعض الدول الأخرى. ومرحلة اليوم، هي أدق المراحل وأصعبها، بعد أن اقتنع العالم بالحق العربي. وها هي الفرصة التاريخية تطل برأسها من جديد، علها تحرك الهمم من أجل كرامة غير منقوصة. إنه الوقت المناسب ليخرج كل العرب من خلف ستائر الخجل في مواكبة القرار الدولي الذي يعترف بحقهم في الحياة، والفرص التاريخية النادرة لا تتكرر بسهولة..

والمفارقة الغريبة التي تطفو اليوم على ساحة العلاقات الفلسطينية الاسرائيلية، أنه في الوقت الذي كان يقيم فيه الفلسطينيون الاحتفالات على أثر الفوز بقرار الأسرة الدولية باعتبار فلسطين مراقباً غير عضو في الأمم المتحدة، كانت الحكومة الإسرائيلية تعد العدة لإصدار مشروع استيطاني جديد يقضي بإنشاء ثلاثة آلاف وحدة سكنية في الضفة الغربية. وبالرغم من ردود الفعل الدولية المنددة بالقرار الإسرائيلي، تجاهل رئيس الوزراء بنيامين نتانياهو الإدانة الدولية لخطط إسرائيل التوسعية بعد فوز الفلسطينيين باعتراف فعلي بدولتهم في الامم المتحدة، وقال متحدياً في الاجتماع الاسبوعي لحكومته "سنواصل البناء في القدس

وفي كل الأماكن المبينة على خريطة مصالح إسرائيل الاستراتيجية. ويؤكد نتانياهو أن "إسرائيل كدولة يهودية لها حقوق تاريخية في أراض بالضفة الغربية وكل القدس. ويريد الفلسطينيون القدس الشرقية لتكون عاصمة لدولتهم في المستقبل. إلا أن إسرائيل تعتبر القدس بأكملها عاصمة لها والادعاء الفلسطيني لا يحظى باعتراف دولي". ومن جهته، قال وزير الإسكان الإسرائيلي اريبل اتياس "إن الحكومة ستطرح خلال اسابيع مناقصات لبناء ألف وحدة سكنية في القدس الشرقية وأكثر من ألف وحدة أخرى في كتل استيطانية بالضفة الغربية".

والملاحظ هنا أن طرح المشروع الاستيطاني الجديد كان معداً بالأساس للإعلان عنه بالتزامن مع إعلان قرار الأمم المتحدة المؤيد للطلب الفلسطيني. وكأن في الأمر خطوة عقابية لرئيس السلطة بسبب توجهه إلى الأمم المتحدة وحصوله على "دولة مراقب غير عضو".

وقد اعتبر وزير الخارجية الفرنسي لوران فابيوس أن القرار الاسرائيلي سيكون خطيرا وسيشكل عقبة جدية أمام حل قيام دولتين، كما سينسف الثقة اللازمة لاستئناف الحوار. ومن جهته، أعرب وزير الخارجية البريطاني وليام هيغ عن قلقه البالغ من المشروع الاستيطاني معبراً عن أمله في أن تتراجع "إسرائيل" عنه. كذلك فعلت وزيرة الخارجية الأميركية هيلاري كلينتون إذ أعربت عن إدانة الولايات المتحدة لهذا المشروع، معتبرة أنه "يعيد قضية السلام مع الفلسطينيين إلى الوراء".

من المستغرب كيف أن غالبية دول العالم التي صوتت إلى جانب الطلب الفلسطيني أو التي امتنعت، هنأت السلطة بهذا الانجاز التاريخي مع العلم أنه ليس إنجازاً بالمعنى القانوني ـ يمكن أن يؤدي إلى مكاسب على الأرض ـ سوى أنه دعم معنوي أوجبته اللياقات الدولية والتعاطف الانساني مع شعب يتعرض في كل يوم للعدوان والتنكيل. من المستغرب كيف أن كندا، بلد القيم الحضارية الحاضنة لحقوق الانسان والعاملة في كل مجال لخدمة العدالة والسلام في العالم، كيف أنها تتجاهل الموقف وتواكب التحديات الاسرائيلية المتكررة في ظل التسامح الدولي الذي عبر عنه القرار الدولي الصادر عن الأمم المتحدة، وكأن ما يعني الانسان الفلسطيني أو العربي بشكل عام، لا يعنيها من قريب أو بعيد..

ألم تنفق الدولة الكندية مئات الملايين من الدولارات منذ نهاية الحرب العالمية الثانية للدفاع عن حقوق اليهود الذين كانوا ضحية النازية...؟
ألم تلاحق كندا مجرمي الحرب داخل البلاد الكندية بعد انقضاء خمسين سنة على نهاية الحرب بحجة تأمين العدالة للشعب اليهودي...؟
ألم ترفض كندا الدخول في الحرب على العراق عام 2003 (إلى جانب الولايات المتحدة) لعدم توافر الأدلة الموجبة، وحقناً لدماء الأبرياء الذين سيسقطون من جرائها. وقد أكدت رفضها آنذاك بلسان رئيس وزرائها جان كريتيان الذي

صرح أمام الصحافيين: "لن نرتكب حماقة حرب غير شرعية وغير متكافئة. إننا ننتظر قرار مجلس الأمن ونؤكد بأن كندا لن تتصرف إلا وفق الإرادة الدولية".

إن وقوف الحكومة الكندية إلى جانب إسرائيل، في قراراتها وممارساتها غير الشرعية وفي مقدمها المشروع الاستيطاني في الضفة الغربية، يطرح علامات استفهام متعددة وخاصة أن معظم الدول الكبيرة، الحليفة لكندا في المجالات السياسية والاقتصادية والانسانية، نددت بالسياسة الاسرائيلية وحذرت من نتائجها على الأرض مع التمني على الحكومة الاسرائيلية بالتراجع عن قرارها. لقد كانت كندا حتى الأمس القريب، قائدة التسامح الدولي في العالم أياً كانت التحديات والمواجهات، والعاملة من أجل العدل والسلام ضماناً لحقوق الانسان، أي إنسان.. هل تبدل الدور الكندي في مقاربة القضايا الانسانية في العالم، أم هو في مرحلة مخاض..؟ عله في إعادة النظر، تنتظم المعادلة وتستقيم الأمور..

*****

وفي مراجعة سريعة لما حمله التاسع والعشرون من شهر كانون الأول (نوفمبر) 2012، يمكن تسجيل الملاحظات التالية:

1 - إن الحصول على اعتراف دولي بتحويل السلطة الفلسطينية بقيادة محمود عباس إلى دولة مراقب غير عضو في الأمم المتحدة، يعني الحصول على قرار منقوص غير

واضح المعالم والمضامين وفي طليعته عدم تضمين قطاع غزة وحماس في إطار الدولة المعترف بها. وكنا نفضل لو تمت المصالحة الفلسطينية ـ الفلسطينية قبل التقدم بطلب الاعتراف هذا، ليشمل سائر الأراضي والقوى الفلسطينية. هذا وقد تم الاعتراف على النحو الذي نعرفه، نأمل في أن تكون المصالحة الوطنية من أولى اهتمامات الدولة الجديدة لكي تثبت جدارتها على الساحة الداخلية وقوتها في مواجهة التحديات الخارجية.

2 ـ على الدولة الجديدة وجوب الطلب إلى جامعة الدول العربية بأسرع وقت ممكن، تأليف لجنة دبلوماسية عربية مهمتها زيارة جميع الدول المؤيدة والمعارضة لقيام الدولة الفلسطينية، بهدف توضيح الموقف العربي وشرح الملابسات التي تخفى على هذه الدول بفعل الإعلام الإسرائيلي المضلِل، والتأكيد على المساعي الانسانية والحقوقية في التعامل مع النزاع العربي الاسرائيلي.

3 ـ الإشارة إلى مواقف الأسرة الدولية في تعاطفها مع الحق الفلسطيني، المبينة في مقررات الأمم المتحدة أو في توصيات المؤتمرات العربية والدولية، لاستثمارها وتوظيفها في خدمة القضية الفلسطينية واعتبار "الإنجاز" الذي تحدث عنه الرئيس عباس مؤخراً، الانطلاقة الأساسية للدولة المعترف بها حديثاً ونقطة التحول المفصلي في الخطة الإعلامية الجديدة.

4 ـ استئناف المفاوضات مع إسرائيل من موقع الفريق القوي، من غير التنازل عن الحقوق الأساسية للشعب الفلسطيني، والتذرع بعدها بالتعامل مع "الواقعية".

5 ـ كشفَ تقرير القاضي ريتشارد غولدستون في العام 2009 عن دور الصهيونية في تبني الكيان الاسرائيلي، كما رفع الغطاء عن جرائم الحرب وخروقات القانون الدولي والانساني خلال العدوان على قطاع غزّة. ولكون التقرير يفضح الموقف الصهيوني، تهجمت إسرائيل على التقرير وعلى رئيس اللجنة، مع العلم أن غولدستون هو يهودي أباً عن جد. وكانت ردة الفعل العربية بالتعامي والتخاذل.

هذا نموذج صغير عن "الواقعية العربية"، هذه الحالة المرضيّة الكبيرة التي يعيشها المناضلون والمثقفون في العالم العربي بعد أن تمكنت منهم البعثات الدبلوماسية الاستعمارية والارساليات التبشيرية الدينية والإيديولوجيات الواقعية (الاستسلامية).. ويبقى السؤال الأكبر: هل يقاوم العرب العدو المتربص بالحق والأرض، بسلاح الواقعية القاصرة...؟
يجب العمل في فلسطين كما في سائر الدول العربية على التخلص من هذا المرض الذي أوقع العرب في مستنقعات الاستسلام والانهزام. وفي هذا ما يعزز الدعوة إلى نهضة قومية عارمة قادرة على مواجهة جميع التحديات.

●

وجهة سير

الأعمار، لم تكن يوماً معياراً لرقي الروح أو تدنيها.. فكم من المتفوقين نشأوا في أحضان طفولة وعلموا الجاهلين ما لا يعلمون..

شعب ظريف وطريف!

نشرت هذه المقالة للمرة الأولى خلال عام 2009.

2021/12/30

في هذه المرحلة التي يكثر فيها الحديث عن إلغاء الطائفية السياسية في لبنان واعتماد العلمانية والقوانين المدنية، تبدو الصورة قاتمة بعض الشيء خاصة أن الطرح يصدر عن رموز الطائفية أنفسهم الذين تبوؤا المناصب واستغلوا النفوذ بفضل موقعهم الطائفي، ويعملون اليوم بأساليب متعددة على إجراء المصالحات فيما بينهم ويقيمون الاحتفالات على مرأى من الجميع. وكأني بأهل السياسة (الذين ينتمي معظمهم إلى النظام القبلي الواحد)، يعملون على تنقية الأجواء فيما بينهم وبين ناخبيهم التي لبدتها المرحلة السابقة من العنف في تجاذباتها وتهديداتها وتراكماتها.. فكل ما يقال عن لبنان أو شعب لبنان في الفن والابداع والابتكار يحملنا إلى المراجعة والتدقيق إلى قول واحد لا يختلف عليه اثنان وهو أننا شعب ظريف وطريف للغاية. ظرافتنا تكمن في قدرتنا على الابتكار وطرافتنا أننا وإن لم نلقَ اعتراضاً من شركائنا في "الظرافة"، نصدق ما "اقترفه" ابتكارنا ونجعله من الثوابت الوطنية. ولائحة الأمثلة على ما نقول تطول وتطول..

147

1 - في الكيان كوطن نهائي لا رجوع عنه:

كلنا يعلم أن لبنان اقتطع من منطقة الهلال الخصيب أو المشرق العربي على أثر التقسيم الذي أوجبته اتفاقية سايكس - بيكو الموقعة بين بريطانيا وفرنسا عام 1916 والتي لم تنفذ إلا بعد طرد الأتراك وإحكام السيطرة الكاملة للقوات البريطانية والفرنسية على المنطقة في الثلاثينات من القرن العشرين. وقد ادعى المسيحيون آنذاك نهائية الكيان اللبناني لكونهم حصلوا على امتيازات لم يحصلوا عليها في سائر المقاطعات "العثمانية" الأخرى بينما لم يؤكد المسلمون ذلك لأنهم كانوا يجدون امتدادهم الإسلامي في العمق العربي. وهذا الاختلاف في الرأي جعل الفريقان يقبلان بالتسوية التي كان عرابها الفرنسي وتضمنها ميثاق 1943. وقد حدد الدستور اللبناني الوطن كالتالي: لبنان وطن ذو وجه عربي وكيان نهائي لجميع أبنائه.. (قبل إضافة مقدمة الدستور التي تضمنتها إتفاقية الطائف عام 1990 والتي جاء فيها: لبنان عربي الهوية والانتماء).

والملاحظ هنا وبكل بساطة أن التسوية التي جمعت بين المسلمين والمسيحيين في تأسيس الكيان اللبناني، اعتمدت كلاماً ساذجاً فارغاً من كل مضمون (وفي حقيقة الأمر كانت التسوية وليدة الإرادة الأجنبية والقصد منها سلخ لبنان عن محيطه القومي تنفيذاً لبنود التقسيم). والطريف بالأمر أنه وافق الطرفان على هذه التسوية ولا يزالان يتمسكان بها حتى أيامنا هذه وكأنها من المقدسات التي يعتبر المس بها خطاً أحمر..

2 ـ في وطن الحريات والديمقراطية:

وفي هذا أيضاً ما يفضح ادعاءاتنا و"ضلوعنا" بالابتكارات الطريفة. ففي هذا الادعاء يشاركنا كثيرون من غير اللبنانيين الذين تغنوا بلبنان والحرية فيه حتى أننا صدقنا الخبر ورحنا نكابر ونتعالى على من حولنا من الكيانات الأخرى المستحدثة ونردد بأن عمر الحرية لدينا هو من عمر لبنان.. أما العمر المقصود به هنا هو ليس عدد السنين القليلة التي مرت على الكيان اللبناني المستحدث وإنما آلاف السنين التي ندعي أنها عمر لبنان، والتي هي وليدة ابتكارات أخرى من ابتكاراتنا.. والطريف بالأمر أن تسمع مثل هذا القول على لسان جميع اللبنانيين من كل الأطياف والطوائف، والحقيقة المرة ماثلة على مرأى من الجميع لتؤكد عكس ذلك الادعاء ومرارة العيش التي تخيم على لبنان بسبب غياب الحريات وحقوق الانسان..

أما الكلام على الديمقراطية فحدّث ولا حرج.. ففي الوقت الذي تتحدد فيه الديمقراطية بمدلولها العلمي أنها حكم الشعب أو أنها حكم الأكثرية أو أنها الوجه الحضاري للقبول بشريك الوطن واختلافاته، تسمع بتسميات جديدة غريبة، ليس عن الديمقراطية وحسب، بل عن المنطق أيضاً. ممثلون الشعب "يقطعون ويشلحون" في مؤتمرات فولكلورية للحوار. يقررون وينفذون دون العودة إلى الشعب. يتخاصمون ويتصالحون على حساب مصالح الشعب.. وبنهاية الحوار يخرجون ممتعضين الوجه لا يتكلمون أو يصرحون خوفاً

من أن تكشف أوراقهم للشعب الذي أوكل إليهم أمره فخذلوه وأحبطوه وجوّعوه..

الديمقراطية مغيبة والحرية مصادرة وخذ من الخطابات المدوّية ما شئت.. أما ممارستك للحرية فهي تتحقق في حالة واحدة: إذا أنت حكمت على نفسك بالموت فقط.! وفي هذه الحال المطلوب منك شيء واحد لا غير: قل كلمتك بحرية وامشِ.. أما تنفيذ الحكم فاتركه لـ "حراس الوطن الأوفياء"..

3 ـ في النظام الطائفي:

وهنا يبرز أهم الادعاءات الفارغة والفاضحة لطاقم السياسيين في لبنان. فالكل يعمل بوحي طائفي وبدوافع غريزية بعكس ما يصرح أمام الصحافة والكاميرات.. وللحفاظ على ماء الوجه تراهم يعلنون عن رغبتهم في التخلص من النظام القائم على الطائفية، كتمنياتهم بإلغاء الطائفية السياسية وفصل الدين عن الدولة وغيرها من مظاهر العلمانية (وفي هذا ما يرضي عنصر الشباب ويذكره بالتصويت لصالحهم يوم الانتخابات)، غير أنهم يعودون بسرعة إلى الاستدراك والقول: تركيبة هذا البلد تقوم على الطائفية ويجدر بنا أن نوفق بين ما نؤمن به وما هو قائم، وليس أفضل من اعتماد "الديمقراطية التوافقية". ويخلصون إلى القول أنه لا يمكن أن يُحكم هذا البلد بغير التوافق. وفي الواقع العملي كلنا يعرف إلى أين أودى بنا هذا المنطق الخاطئ وهذا الاستعمال غير المسؤول لمفردات أقل ما يقال فيها أن لا معنى لها إلى جانب كونها رخيصة

150

ومضلِلة. وجل ما نتمناه أن يحمي الله لبنان من هذا الحب المفرط..

وكما ذكرنا في البداية أن اللائحة تطول وتطول عن الابتكارات اللبنانية، والظريف الطريف أننا لا ندرك أو نتذكر بأننا نحن صانعوها أو مطلقوها.

ففي كل الحوارات والاقتراحات التي صدرت بقصد إيجاد الحلول الناجعة للأزمة اللبنانية، وعلى امتداد سنوات طويلة، لم نسمع رأياً واحداً يقول بأنه لو سلمنا بنهائية الكيان اللبناني، لا يجوز أن نعزل لبنان عن التفاعل الطبيعي بمحيطه القومي.. ربما كان الحل يكمن هناك..

لم نسمع كذلك رأياً يقول بأن المشكلة تكمن في النظام الطائفي الذي أغرق لبنان على مر الأزمان في بحور من الدم وكاد أن يقضي على "الكيان" برمته، أو أن يُطرحَ الإقلاع عنه واستبداله بالنظام العلماني الحضاري ولو في خطواته الأولى..

لم نسمع أحداً يقبل برأي الآخر، لا بل يعمل الكل بدون تردد، على التجريح بالآخر انتقاداً أو تشكيكاً أو تخويناً.

يبدو أن مثل هذه الحلول، هي "خطوط حمر" تتعارض مع شروط "العقد الطائفي" الذي يحمي امتيازات "أصحاب الكيان".. ويدّعي بعد كل هذا أمراء الطوائف، الذين يسيطرون على مقدرات البلاد، بالتصرف الواعي الحضاري ويطالبون بإلغاء الطائفية السياسية...؟؟

صدق أو لا تصدق.. فمثل هذه الظرافة لا تجدها إلا في ابتكارات شعبنا الفريدة..

وجهة سير

قلت جواباً على تساؤلات كثيرة: أنا أنتمي إلى مذهب يتعالى فوق مذاهبكم وطوائفكم وعصبياتكم. ففي دمي هويتي وفي صدري محبتي وفي ضميري حكمتي التي تقول: الإنسان في لبنان لا ينتمي إلى طائفة، بل إلى وطن..

وجهة سير

Ω

يحلو التأملُ والإشراق في رحلةِ الذاتِ إلى الذاتِ حيث يدفعنا الإيمان إلى تكرارِ الأفعالِ التي ترضي اللهَ عزَّ وجلَّ.. وهكذا تشرِّع لنا المحبةُ أبوابَها إلى السماء.! فلا نذهبنَّ للتفتيش عن الطريقِ إلى المحبة، فالمحبةُ ذاتُها هي الطريق..

السيدة مي نعيمة/ من ذاكرة الأيام

2022/01/15

خمسون سنةً بالتمام والكمال انقضت، على اليوم الذي التقيت فيه السيدة الفاضلة مي نعيمة للمرة الأولى في منزل الزلقا وقد كنت على موعد مع عمها "الكبير ميخائيل نعيمة". كانت ترحب بي وتذكرني بالاسم وكأنها تعرفني منذ زمن في وقت كنت فيه مضطرباً بعض الشيء بانتظار اللقاء (التاريخي) الذي سيضمني إلى القامة الكبيرة. لم أكن قد التقيت تلك السيدة من ذي قبل علماً أنه كانت لي زيارة سابقة إلى هذا البيت الكريم برفقة الصديق الأديب والشاعر جوزيف حنا الذي شرفني وقدمني إلى الأب الروحي ميخائيل نعيمه "طيب الله ثراه". وما أن بدأنا بتناول الحديث حتى دخلت علينا إلى قاعة الجلوس طفلة دون الرابعة من العمر باكيةً راكضةً إلى حضن تلك السيدة عرفت فيما بعد أنها تدعى "سهى" وهي إبنة "مي نجيب نعيمة". كما عرفت أن السيدة مي تقيم بشكل دائم مع ابنتها في بيت عمها هذا، الكائن في بلدة "الزلقا"، منذ بعض الوقت. وكان عمها قد

155

ذكر اسمي أمامها وطلب منها استقبالي ريثما ينهي مقابلة كان يجريها معه أحد الصحافيين.

لا بد من ذكر الحفاوة التي قابلتني بها السيدة مي في أول لقاء وقد ترك في نفسي أثراً بالغاً، بالرغم من أنه كان "لقاء الغرباء"، ثم الابتسامة الرقيقة التي لا تفارق وجهها وهي تتحدث أو تصغي إليك. ولا يخفى ما لهذا من تأثير إيجابي داخلي عندما تقابل أحداً للمرة الأولى.. كان هذا في مطلع العام 1972. وتوالت اللقاءات فيما بعد في كل مرة كنت أزور فيها الكبير نعيمة حتى الأشهر الأولى من العام 1975 حيث اضطرتنا الحرب الأهلية (الحضارية) إلى الانقطاع والانكفاء كل في منطقته بانتظار ما ستؤول إليه الأحداث. رحل الكبير ورحلت مي ولا زلت أنا في طابور الانتظار، ليس أملاً بعودة اللحمة بين اللبنانيين وهذا أمر قد حسم على ما يبدو، بل ربما لأشهد على انهيار لبنان وسقوط الجمهورية..

خلال تلك السنوات القليلة، شرفني التعرف إلى معظم أفراد عائلة نعيمة الأقربين وبينهم الكاتب والباحث الدكتور نديم نعيمة ابن أخ الأديب والفيلسوف ميخائيل نعيمة وكانت لنا جلسات مع معظمهم. وقد قمنا برحلة ذات مرة إلى "الشخروب" الواقع في أعلى الجبل في بسكنتا برفقة "الكبير" الذي كان يشرح لنا عن كل زاوية في المكان.

لا شك أنه كانت تشد "كبيرنا" الأواصر العائلية وهو الذي كان ينظر إلى الجميع بعين المحبة الصافية إلا أن عائلته

الصغرى التي كانت تعيش كل لحظاته والمؤلفة من مي وسهى، هي التي كانت تشغل الحيز الأكبر من اهتمامه. وقد اختصرت سهى مؤخراً اسم العائلة هذه بكلمة "ميماسونا" وهي كلمة مركبة من أسماءٍ ثلاثة: ميخائيل - مي - سهى.

وفي العودة إلى السيدة مي، طيبة الذكر، ماذا عساي أن أقول فيها وهي التي تعدت حدود الوصف والتوصيف في أبهى حلة من الصفاء الروحاني. كانت توحي بالثقة والطمأنينة لمجرد النظر إليها إذ كان يفيض وجهها بالبراءة والمحبة وتعلو محياها البسمة الدائمة علامة الرضى والحمد، ومن دون أن تشعر بأي إحراج، ترى نفسك رافعاً معها كل الحواجز لتبوح بما لديك من أسرار.

أحفظ للسيدة الكريمة كل الحب والتقدير وقد تركت في نفسي أثراً طيباً رافقني طيلة رحلة العمر أذكره وأتذكره اليوم وقد مضى عليه خمسون عاماً.. وستبقى مي دون شك، ماثلةً في ضمير وذاكرة كل من عرفها رغم مفارقات الحياة التي تشدنا إلى الحزن أحياناً..

في معرض حوار مطول ذات مرة مع الكبير ميخائيل نعيمة حول واقعة الموت والحزن الذي يلحق به، قال: إنه القدر الذي لا بد منه والحقيقة التي لا جدال فيها. حياة الإنسان هي كتابٌ مقدمته "الولادة" ونهايته "الموت" وكلا الواقعتان ضروريتان لوحدة الكتاب. فإذا كان يعجبنا الكتاب فمن الطبيعي أن تعجبنا البداية كما النهاية. فلماذا نفرح للولادة ونحزن للموت...؟؟

وجهة سير

Ω

ليس الخالد من يعبر التاريخ،
بل من يصنع التاريخ ويعبره..

مركز التراث العربي / بمثل هؤلاء ننتصر..

2010/04/10

من موقع المسؤولية الذاتية، كمغترب عربي، كان لي شرف تأسيس مركز التراث العربي في كندا بإرادة ثابتة بعد استطلاع الرأي ونضوج الفكرة. أما الغاية من إيجاد مؤسسة تعنى بالتراث العربي، كانت ولا تزال إحياء ونشر الإبداعات الثقافية والتراثية العربية التي كان لها الأثر البالغ في حضارة بني الانسان. وكان هذا خلال العام 1997 حيث تضافرت جهود البعض من مثقفي العرب لمواكبة المركز في انطلاقته والمشاركة في نشاطاته المتعددة التي كان لها الوقع الحسن في صفوف الجاليات العربية كما في المواقع الرسمية الكندية البلدية والإقليمية والفدرالية. ولا يخفى ما لنشر التراث في بلاد الاغتراب من أهمية لما يعزز حضورنا بين مختلف المكونات والشرائح الاجتماعية، لكونه يلقي الضوء على إنجازات حضارية لا تحصى.

وبالرغم من هذه المحاولة التي تعتبر بديهية في بلد متعدد الثقافات والحضارات، لا يزال هناك وللأسف، من يشكك في هذه الأهمية. فمنهم من يقول: لماذا العودة إلى الوراء والتفتيش في خبايا الماضي على مآثر قديمة لننشرها اليوم

في عالم التقدم الصناعي والتكنولوجي...؟ هذا تخلف واضح ولن يخدم قضايانا بشيء.. وآخر يقول: إن الإبداع العربي معطل منذ زمن بعيد ولم يعد يقوى على مجاراة التطورات الحاصلة في العالم اليوم. فمن الأفضل عدم إثارة الموضوع بممارسات تراثية أو ثقافية نحن بغنى عنها، لأنه سيكشف عن جهلنا لما وصل إليه العالم من تقدم وتطور.

وللرد على المشككين نقول: نوافقكم الرأي بأنه علينا أن نجاريَ العصر في تقدمه وتطوره. ولكن علينا أن نعمل أيضاً بخطى واثقة ومن منطلقات مبدئية ثابتة، تكفل استمرارنا في صناعة التراث، فلا يمكن القفز إلى المستقبل إن لم تطأ أقدامنا أرضاً صلبة، ولا يمكن أن يكون لنا تراث من العدم.. إننا نعمل، ليس بمزاجية طارئة، بل بما تمليه القواعد الأساسية والممارسة. ونشارك الفيلسوف الفرنسي تيار دي شردان الذي قال: "من ليس له ماضٍ، لا حاضر له ولن يكون له مستقبل"..

هذا من جهة، أما من ناحية القول بأن الإبداع العربي معطل اليوم، فهو قول مرفوض جملة وتفصيلاً.. والبرهان على ذلك الدراسة المعمقة التي هي بحوزتنا في مركز التراث وقد قام بالمراجعة والتنقيب والإشراف عليها صديقنا العلامة الدكتور يوسف مروه. وتشير هذه الدراسة إلى المتفوقين من الجنسيات العربية المختلفة وقد تعدى عددهم الألف ومعظمهم من المعاصرين الأحياء بحسب ما تشير إليه الدراسة وقد دلت إلى عناوينهم وأماكن إقامتهم. وينتمي هؤلاء إلى فئات مختلفة من فلاسفة ومخترعين ومكتشفين

وواضعي معادلات ونظريات مبتكرة في الرياضيات والعلوم والطب، والفيزياء، والفلك، وغيرها.. وإذا أجيز لنا تصنيف هؤلاء العباقرة المتفوقين نقول: إنهم صانعو التراث العربي في العصر الحديث.. حتى أن الكشف عنهم يعتبر عملاً تراثياً متفاعلاً، لأن التراث لا يتوقف عند زمن معين، بل هو مستمر مع استمرار الجنس البشري على اعتبار أنه مساهمة فاعلة في الحضارة الانسانية. وهنا يكمن فخرنا واعتزازنا بإنجازات مبدعينا.

ومثال هؤلاء المتفوقين المبدعين إثنان من أبناء الجالية العربية في تورنتو، وتحديداً من الجالية اللبنانية، يعيشان بيننا ومعنا ولكل منهما الباع الطويل والانتاج الوفير في العلوم والتكنولوجيا وقد سجل باسم كل منهما عدد من الاختراعات والنظريات وكانت لمساهماتهما وابتكاراتهما البصمات النافرة في الحضارة الإنسانية التي يفاخر بها الغرب.. هذان المبدعان هما الدكتور يوسف مروّه والدكتور جوزيف دابله.

د. يوسف مروه: أبدع في مجال "الفيزياء النووية" وكانت له فيها نظريات جديدة يمكن استخدامها في تطبيقات تتعلق بتقنيات الانشطار والاندماج النووي.

ـ ابتكر نظرية ترتكز على معادلة جديدة تفسر الكون بعناصره المادية والروحية، خلافاً لنظرية آينشتاين القائمة على الوحدة المادية حصرياً. كما ابتكر نظرية جديدة في هندسة الأوضاع (طوبولوجيا).

هذه وكثير غيرها من النظريات والابتكارات والدراسات سجلت باسمه في كل من كندا والولايات المتحدة الأميركية ولا تزال أعمال الدكتور مروه محفوظة في سجلات المراكز والمختبرات العلمية التي عمل فيها.

د. جوزيف دابله: كانت باكورة اختراعاته، وهو الذي يحمل دكتوراه في هندسة الكهرباء، نقل الطاقة الكهربائية تحت الأرض بدلاً من الخطوط التقليدية، ما يوفر 30 في المئة من الكلفة.

أما الإبداع الأكثر أهمية فكان في اختراعه لما أسماه "زراعة القلب الذري" وهو عبارة عن تطبيق ابتكار لإصلاح المحطات النووية بالاستناد إلى خبرته في الطاقة المغناطيسية. وأنجز دابلة إصلاح المحطات النووية الخمس في كندا حيث وفر على الشركة مليارات الدولارات.

هذا وعلى جدول أعمال الدكتور دابله عدد من الاختراعات والنظريات الموضوعة بانتظار أن تتحقق تباعاً.

فإلى المشككين الذين يجهلون تلك الحقيقة نقول: إن كنتم لا تعرفون أو لا تقرؤن التاريخ فهذا شأنكم، أما الشمس وإن غلفتها أردية الضباب، لن تمسيَ رماداً.. فلا بد للضباب أن يتبدد...!

أما بالنسبة إلى هذين العالمين العملاقين، فنرفع لهما القبعة إكباراً وإجلالاً. فبمثلهما نعتز ونفاخر.. وبمثلهما نواجه التحديات الحضارية وننتصر..

•

ألقيت الكلمة التالية في احتفال توقيع كتابي بعنوان "أقلام صادقة"

2014/10/19

يسعدني، باسم مركز التراث العربي، أن أرحب بكم جميعاً إلى هذا اللقاء الودي الذي يكاد أن يصبح تقليداً سنوياً، تشجعنا على إقامته تلبية الأصدقاء الكرام لدعوتنا ومواكبتُهم للإنتاجات الفكرية في المهجر، من أدب وعلم وشعر. ومما يزيد في عزيمتنا وعزمنا على تكرار مثل هذه اللقاءات هو اقتناعنا، الذي عبّرنا عنه في أكثرَ من مناسبة، بأن تظهيرَ ثقافتِنا وقيمِنا الانسانية هو عمل تراثي فاعل يعزز حضورنا في الاغتراب فضلاً عن كونه السلاحَ الأمضى في قهر التحديات التي تواجهنا من كل صوب.

وقبل أن أنتقل إلى "الأقلام الصادقة" التي كان لها الفضل في لقاء اليوم، يهمني التنويه بالجهد الذي يبذله الصديق الشاعر أحمد التنوري في كل مناسبة نقيمها في مركز التراث العربي، وهو الذي قلت عنه ذات يوم أنه الرجلُ الصامد في ثباته وإقدامه.. لم تغيرْه الأيامُ رغم قساوتها ولا

الأحلامُ رغم صفوتها وإن رسمت على رأسه بعض الخيوط البيضاء إيذاناً بالنضج والوقار..

أما "الأقلام الصادقة"، فقد أردتُه كتاباً مميزاً جامعاً لمقطوعات متجانسة في الرأي والتعبير، والقاسم المشترك بينها، تلك النفحة الوجدانية التي تتجلى بين الكلمات وتدل على نبل في الأخلاق وصدق في المشاعر.

وكما ذكرت في مقدمة الكتاب، قد لا تروق للبعض فكرة الكتاب هذا، وليس لديهم ما يبرر موقفهم سوى أنهم لم يتعودوا على مثل هذا النهج في الكتابة. أما أنا فأرى فيه عين الصواب لأن العيب ليس في إظهار المشاعر الصادقة وإعلانها وإنما في التخفي والتجاهل وإنكار الحق على أصحابه..

إن المراحل التي عاشتها بلداننا العربية منذ فجر ما سمي بالاستقلال حتى أيامنا هذه، قامت على الخداع والكذب بحيث ظل المستعمر ممسكاً بالقرار الوطني من خلال زمر من أمراء الطوائف والإقطاع الخاضعين لأوامره وإملاءاته. فاستباحوا إلغاء كل ما يذكّر بالمبدعين وإنجازاتهم وتباروا في ترويج الابتكارات الفارغة..

أداروا الظهر لمطالب شعوبهم وتنافسوا على إرضاء أوصيائهم والأولياء..

وقد بلغ استخفافهم بقيم الحق والخير والجمال ذروة أدت إلى الفوضى الأمنية التي تعبث اليوم بحاضرنا ومستقبل أولادنا.

وإزاء هذا الواقع نتساءل ونسأل: من الذي يدفع ثمن هذا الاستهتار "الوطني" غير شبابِ الوطن وأطفالِه؟

من هنا كان تمسكنا بالكلمة الصادقة، وإن كانت جارحة أحياناً، لأنها الخطوة الأولى على طريق تحرير المواطن من شرور العصبيات والتبعيات، ليتسنى له فيما بعد، تحرير الوطن ومنحه الاستقلال الحقيقي..

سيداتي سادتي،

تحتاج بلادنا إلى مناخ مليء بالمحبة والتضحيات. وإن تظهير ثقافتنا وقيمنا الإنسانية من خلال الكلمة الصادقة، هي مساهمة فاعلة لاسترجاع الوطن من أيدي الخاطفين البربريين الذين يعيثون الأرض فساداً في هذه المرحلة من تاريخنا.

أعرف جيداً بأن الطريق إلى نهايته يطول، ولكن.. علينا أن نبدأ بمكان ما وبشكل ما. ويقيني أنه إذا ما انعقدت إرادة المخلصين، ستحدث الفرق لا محال..

●

165

وجهة سير

Ω

نحتاج إلى رؤية إصلاحية قادرة على خلق المواطنة الحرة والمتحررة من قيود الماضي، مع التأكيد على أن الرؤية الإصلاحية المثالية يلزمها الأرض الصالحة للتطبيق.

الخوف من الحرية

2007/02/07

الكلام على الحرية ليس بالجديد المبتكر في بلد يقوم على احترام حقوق الإنسان وفي مقدمتها الحريات العامة والخاصة، دون أن ننسى القاعدة القانونية العامة التي تنظم الحريات والتي تقول: تتوقف حريتك عندما تبدأ حرية الآخرين.. وفي هذه القاعدة ما يكفل العدل والمساواة في استعمال الحرية دون أن تكون الممارسة الشخصية لها استئثاراً أو تعسفاً أو تعدياً على حقوق الآخرين وإلا كانت عودة إلى شريعة الغاب.

ما يعنينا نحن كمجموعات عربية في الاغتراب، أننا كيف ننظر إلى الحرية وكيف نعمل لتوظيفها في خدمة أهدافنا الوطنية والقومية، أو على الأقل كيف نستخدمها في تفاعلنا وتعاطينا مع المجتمع الغربي، بحيث لا نتلّهى بقشورها دون لبابها أو بشعارها دون مضمونها، هذا إذا وقفنا فعلاً على المعنى الحقيقي لها. والمؤسف أنه من خلال الممارسات اليومية يبدو وكأن فهمنا للحرية لا يزال في طوره البدائي ولم نستطع بعد التخلص من مركبات النقص التي تكبّل تطوّرنا وارتقائنا ومن عبودية الجهل التي تشد بنا إلى الوراء..

167

فإذا أفصحنا عن رأي، نواجه سامعينا بالتحدي و"البهورة" ونجرِّح بمن لا يوافقنا الرأي. وإذا أدلينا بتصريح، نتهجم ونتجنى ونتهم الآخرين ثم ندعي بحرية التعبير التي يمنحنا إياها القانون دون أن نتنبّه إلى أن ذات القانون يعاقب على التهجّم والتجني والاتهام.. وإذا قلنا أننا نعشق الحرية، يغيب عن بالنا أن الآخرين يعشقونها أيضاً وأنها لم تفصّل على قياسنا أو مزاجنا وحسب..

وفي هذا المجال أذكر هذه الطرفة على سبيل المثال: جاءني صديق منذ بضعة أيام، وهو باحث ومحاضر معروف على صعيد الجالية العربية، يعاتبني معترضاً على نشر إحدى المقالات في باب "أقلام حرة" من جريدة "الجالية" التي كنت أصدرها في تورنتو، على أنها مقالة تحمل أفكاراً غير بنّاءة وأن صاحبها غير ملم بحقيقة الوضع الذي يكتب عنه إلى آخره.. وخلص إلى القول: "يجب أن تدققوا في كل ما يرد إليكم من مقالات ونشر فقط ما هو جدير بالنشر..

كنت أراقب حركات الصديق الباحث وكلماته وانتظرت حتى فرغ من الكلام وقلت له: "حقاً يا دكتور إنني استغرب اعتراضك وأنت من يشدّد على الحرية وخاصة حرية التعبير، ولا أزال أذكر ما قلته بالأمس في محاضرتك بالحرف الواحد: "لا يمكن لشعب أن ينهض ويحقق ذاته بغير الحرية".. فهل كنت تعني أن تكون الحرية لبعض الشعب دون البعض الآخر.. أم أن الشعب ينهض بحرية للجميع...؟

تكاد "الجالية" أن تكون الجريدة الاغترابية الأكثر اتساعاً ورحابة لنشر المقالات والدراسات والآراء والردود المختلفة التي ترد إليها دون تردد أو إحراج أو تمييز، أيا كان كاتبها أو توجهها أو محتواها عملاً بحرية الرأي وحرية الحوار وإيماناً منا بأن هذه السياسة تبقى الأسلوب الحضاري الوحيد للتعاطي مع تطورات الفكر والأحداث.

ومن العوامل المشجعة لاتباع مثل هذه السياسة في بلاد الاغتراب حلول النكبات المتتالية في عالمنا العربي وسيطرة الجهل والتخلف على جميع المرافق العامة والخاصة بسبب فقدان الحرية والممارسة الديمقراطية هناك. أضف إلى ذلك تواجد كثيرين من الناشطين الاجتماعيين في الجاليات العربية من المثقفين والكتاب والشعراء وأصحاب الشهادات والكفاءات العالية، القادرين على طرح الآراء والأفكار المفيدة ومناقشتها بموضوعية، إسهاماً في معالجة القضايا الهامة التي تواجه العرب بشكل عام في الاغتراب كما في الوطن.

هذا وقد دأبت "الجالية" على نشر كتابات من مختلف المصادر وفي جميع الاتجاهات دون قيد أو شرط. ولا يمكن بالتالي لأحد أن يشير بأصابع الاتهام إلى أنها تنحاز إلى فئة دون الأخرى أو تسوق فكراً على حساب فكر آخر.. وإذا كان للبعض أن يتصوّر غير ذلك فإننا ندعوه لمراجعة صفحات الجريدة، في مختلف أعدادها، عله بذلك يزيل الشك العالق في ذهنه. وإذا كنا نشدد على الحرية، في التعبير أو في الحوار، غير أن هناك حدوداً يجب ألا نتجاوزها

كاستعمال الحرية دون التعدّي على حرية الآخرين واستخدام الحوار من غير التجنّي والتجريح وإلا دخلنا في متاهات وتعديات شخصية لا تليق بأهل الفكر والقلم. وقد يظن البعض أن في استخدامه لمثل الكلمات النابية الرخيصة، في ردّه على مقال أو رأي لم يعجبه، ما يقرّبه من القرّاء ويضفي على الموضوع الذي يعالجه نوعاً من الغطاء السحري يغنيه عن الحجج والبراهين اللازمة لبلورة موقفه.. هذا ما يصيب الكثيرين من الكتاب الذين فقدوا، بانسياقهم إلى مثل هذا الجنوح عن الطريق السويّ، المصداقية في التعبير واحترام القارئ لما يكتبون إذ يأخذهم الانفعال إلى التأكيد على ما يقولون وكأنهم ينطلقون من ثوابت نهائية لا رجوع عنها.

إن المشاكل التي تعترض الوطن تحثنا على الحوار المتواصل أكثر من أي وقت مضى علنا نتوصّل إلى صيغة تحفظه من التحديات، فنتعلم كيف نحبّه وكيف نحافظ عليه وكيف نقيه شر المطامع والأحقاد. فإن تعطل الفكر هناك علينا أن نبعثه هنا في ظلال الحرية، بعيداً عن التشنجات والمهاترات والخطابات الفارغة، فالحوار الملتزم البناء هو الأسلوب الحضاري لبناء الوطن وحمايته، وما عداه فهو زيت يُصبُّ على النار..

وفي هذه المناسبة يهمنا أن نؤكد على تمسكنا والتزامنا بالدور الرائد للإعلام الاغترابي بحيث نعرف كيف نحترم الرأي والرأي الآخر انطلاقاً من حرية الفكر والتعبير والحوار وأن نركز على النوعية فيما نكتب وننشر بحيث لا

تأتي المقالات، والردود خاصة، إلا بما يتلاءم مع أصول وآداب الحوار التي تفترضها أبسط قواعد التعامل الانساني في العصر الحديث. فمن يعشق الحرية يدرك حتماً ما نقول ومن يخافها فقد اختار لنفسه طريقاً آخرَ..

●

الفهرس

الفهرس (تتمة)

المؤلف: محطات إعلامية واجتماعية

النشاطات الإعلامية:

- مؤسس ورئيس المركز الاستشاري للإعلام
- ناشر ورئيس تحرير مجلة "أضواء"
- ناشر ورئيس تحرير جريدة "الجالية"

النشاطات الاجتماعية:

- عضو مركز الجالية العربية الكندية في تورنتو
- عضو مؤسس لجامعة اللبنانيين الكنديين
- عضو الاتحاد العالمي للمؤلفين باللغة العربية
- رئيس سابق لمجلس الصحافة الاثنية في كندا
- رئيس سابق لرابطة الإعلاميين العرب في كندا
- مؤسس ورئيس مركز التراث العربي في كندا
- مؤسس ورئيس المهرجان الكندي المتعدد الثقافات
- مؤسس ورئيس رابطة المؤلفين العرب في كندا

الجوائز التقديرية:
من قبل الجهات الرسمية والأهلية التالية:

- رئاسة الحكومة الكندية الفدرالية
- رئاسة حكومة أونتاريو
- بلدية تورنتو الكبرى
- مركز الجالية العربية في تورنتو
- مجلس الصحافة الإثنية في كندا
- الجمعية الدرزية الكندية في أونتاريو
- رابطة المسلمين التقدميين في كندا
- رابطة الأطباء العرب في شمال أميركا
- الإتحاد العالمي للمؤلفين باللغة العربية
- جمعية "عالم إنسان بلا حدود" ـ بيروت، لبنان

صدر للمؤلف

- كتاب "الأبله الحكيم"
الطبعة الأولى (1974) الطبعة الثانية (2009)
الطبعة الثالثة (2011)

- كتاب "أصداء وأضواء" (1978)

- كتاب "كلمات بلا حواجز"
الطبعة الأولى (2009) الطبعة الثانية (2011)

- كتاب "أوراق حائرة"
الطبعة الأولى (2009) الطبعة الثانية (2012)

- كتاب "بيت التوحيد بيت العرب" (2009)

- كتاب "الوصايا العشر"
الطبعة الأولى (2011) الطبعة الثانية (2013)

- كتاب "سقوط الجمهورية" (2013)

- كتاب "أقلام صادقة" (2014)

- كتاب "أقلام صادقة" (جزءان 2022)

- كتاب يوسف مروه -
"الفكر الحاضر المغيّب" (2020)

- كتاب سعيد تقي الدين -
"كل مواطن خفير" (2021)

- كتاب "إضاءات" (2023)

- كتاب "وجهة سير" (2023)

- كتاب "موقف ومداخلات" (2024)